세상 모든 금쪽이를 위한 육아서

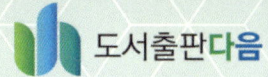
도서출판다음

위대한 상호작용

강미옥 저 | 오다혜 삽화

아이와 짧은 시간을 효율적으로 보내는 방법과
아이와의 교감을 통한 창의력과 재능을 끌어올리는
부모와 교사들을 위한 아이교육 지침서

양육
Nurse
정서적 안정감
증진시키기

개입
Engagement
주의력, 의지력,
집중력 증진
시키기

구조
Structure
논리, 수학적
사고력 증진
시키기

도전
Challenge
모험심, 창의력
증진 시키기

들어가는 글

아이는 태어났을 때부터 본능적으로 활동 방향성 즉 지침을 가지고 있습니다. 누가 말하지 않아도 끊임없이 마음대로 움직이면서 스스로 움직이는 방법을 수정해 나갑니다. 아이는 몸으로만 자기를 표현함으로 신체가 중심이 됩니다. 말하지 못하는 아이지만 어떻게 움직이는지 자세히 살펴서 아이가 그 감각을 잘 사용할 수 있도록 도와주면 자라는 과정에서 형성되는 잘못된 행동과 태도를 충분히 다시 바로 잡을 수 있게 됩니다.

돌봄 또는 교육을 할 때, 눈앞에 있는 아이가 말하는 것을 듣지 않거나 규칙을 지키지 않는다 하더라도, 우리들은 편견 없는 눈으로 보아야 관찰된 아이에게 적절한 교사의 역할을 할 수 있습니다.

균형잡힌 돌봄과 교육은 아이 인생의 기초를 결정짓는 중요한 일입니다. 그러나 선입견을 가지고 색안경을 낀 상태로 아이가 신경 쓰이는 행동을 하는 것에 마주치면, 우선은 당황하게 되고 쉽사리 특별한 진단이 필요한 아이라고 잘못된 판단을 하게 됩니다. 이때 놓쳐서는 안 되는 가장 중요한 점은 아이가 우리에게 보내는 신호를 사실에 근거하여 알아차림과 교사와 부모의 적극적인 관심과 사랑입니다. 아이는 사소한 움직임뿐만 아니라 몸짓 언어, 손짓 언어, 특별한 행동 등으로 자신을 나타낸다는 것을 우리는 간과해서는 안 됩니다.

진단을 받기 위해 병원이나 치료실을 방문하기 전에 그 아이에게 어떤 발달특성이 나타나고 있는지를 이해하는 것이 우선되어야 합니다. 만약, 신경이 쓰이는 행동에 대해 감정으로 대응할 경우 효과적인 지도는 쉽지 않게 됩니다. 그러므로 우리는 그 아이의 신경 쓰이는 행동을 어떻게 편견 없이 바라보고 놀이 지원을 잘 할 수 있을까요?

이 한권으로 발달에 신경 쓰이거나 까다로운 모든 것을 해결하기는 불가능합니다. 하지만 아이들의 부적절한 행동에 대한 이해와 함께 놀이를 통한 적절한 상호작용이 이루어진다면, 영유아 교육현장의 교사들에게 네비게이션이 될 수 있다고 생각합니다.

교사는 신경이 쓰이는 아이들의 행동을 무심히 보지 말고, 그 행동이 언제, 어디서, 무엇 때문에 일어나는가를 관찰하면서 알아차리는 것부터 시작해야 합니다. 어떤 아이가 침착성이 없는 아이로 관찰되어도 그 원인은 여러 가지가 있을 수 있습니다. 신체 내부에 느끼는 감각이 부족하다든지, 주위에서의 자극이 너무 많거나 또는 너무 적어서 정보처리를 할 수 없다든지, 또 무엇을 할지 그 행동을 예측할 수 없는 등 다양한 이야기 있습니다. 그 원인에 따라서 교사의 역할은 달라져야 합니다.

무엇보다도 먼저 그 원인을 파악하고 아이의 발달특성을 이해하면서 도와주는 것이 우선되어야 합니다. 그것이 아이들의 미래를 바꾸는 지름길이 되고, 또한 아동학대예방을 위한 지침이 될 수 있다고 생각합니다. 나아가 제 3, 4, 5부에 게재된 아이의 발달특성을 뒷받침하는 뇌의 역할을 충분히 이해한다면 신경 쓰이는 아이들에게 필요한 발달지원이 훨씬 더 수월해질 것입니다.

영유아의 문제행동은 유아교육기관 교사 자격증 취득을 위한 교과목인 '생활지도 및 상담', '아동생활지도' 등에서 다루어지고 있습니다. 유치원 2급 정교사 자격증을 취득하기 위해서는 생활지도 및 상담이라는 교직이론을 이수해야 합니다. 보육교사 2급 자격증 취득을 위해서는 '아동생활지도'라는 과목을 통하여 보육지식과 기술을 익혀야 합니다. 이처럼 영유아 문제행동은 현장에서의 유아교육기관 교사가 숙지해야 할 주요한 과제입니다. 교사들은 영유아의 문제행동을 문제행동이 아닌 더 나은 발달을 위한 긍정적인 시그널로 이해할 때 질 좋은 보육활동이 보장됩니다.

어린이집 보수교육(1급 승급) 과목에서 영유아문제행동의 조기발견에 대한 과목이 지정되어 있습니다. 그러나 보육교사들이 4시간동안 직무교육을 받는 것만으로는 아이들의 문제행동을 이해하고 해결하기는 힘듭니다. 이러한 보육현장의 소리는 물론, 자녀를 양육하는 부모들이 '우리 아이 왜 이러나요?'라는 절박한 소리에도 귀를 기울여야 할 때입니다.

본 저자는 이탈리아 의학박사 실바나 몬타나로 교수님(Dr. Silvana Montanaro)으로부터 일본 요코하마코스에서 몬테소리 0~3세 AMI(국제몬테소리협회)교사 자격증을 받아 2005년부터 지금까지 우리나라 어린이집 현장에서 최선을 다하고 있습니다.

AMI 자격 과정에서 아주 중요하게 다루는 소아신경정신의학, 위생학, 산과학 등 감각과 신체운동을 통한 감각통합 활동을 토대로 긍정적인 정서를 수용한 상호작용과 함께 꾸준히 실천해 온 것을 함께 나누고 싶습니다. 이에 돌봄 또는 유아교육현장에서 부분적인 아이디어로 활용하면 유용할 것입니다.

신경이 쓰이는 아이들의 배경과 부적응 행동의 배경에 대한 발달지원 등 실제경험을 토대로 위대한 상호작용 공식을 만들었습니다. 이 공식을 익혀 유아교육기관 평가제에서도 심리적인 부담이 완화되기를 바랍니다.

돋보기나 쌍안경으로는 높이 날아다니는 새나 땅에 기어 다니는 벌레들을 잘 볼 수 있어도 그 새나 벌레를 키우기는 쉽지 않듯이 긍정적인 상호작용에 대한 모든 것을 전수하는 전문서는 아니지만, 아동학대예방과 다양한 아이들의 발달지원을 위한 부모나 교사들의 지침서가 된다면 우리 아이들의 인생여정에 행복한 열매가 맺어지리라 믿어 의심치 않습니다.

강미옥

차례

- 들어가는 글 3

1
우아한 외침

제1장 가정은 행복충전소 ·················· 13
1. 놀이 환경 충전소 18　2. 주의 집중 충전소 19
3. 행동 한계 충전소 20　4. 긍정적 시그널 충전소 22

제2장 어린이집은 행복발전소 ·················· 25
1. 기다림은 희망 발전소 25
2. 기다림은 자아통제 발전소 29

제3장 이유있는 시그널 ·················· 35
1. 아이가 보내는 마음속 신호 '내가 할 거야!' 35
2. 아이가 보내는 마음속 신호 '혼자서도 잘해요!' 37

2
몬테소리 베이비 마인드

제1장 아이의 경향성 ·················· 45
1. 아이의 탐험 46　2. 아이의 관찰 46
3. 아이의 방향잡기 46　4. 아이의 완전에 대한 추구 47
5. 아이의 의사소통(언어) 47

제2장 민감기(결정적 시기) ·········· 49
1. 감각의 민감기 50   2. 질서의 민감기 52
3. 운동의 민감기 56   4. 언어의 민감기 60

제3장 흡수정신 ·········· 65
1. 흡수정신의 특징 65   2. 신체적 태아와 정신적 태아 66
3. 어린이 정신 68

제4장 물리적 환경 ·········· 70
1. 기억의 시점에서 보기 쉽게 70
2. 안심된 공간 71   3. 놀이와 발달지원 73

제5장 인적 환경 ·········· 75
1. 3박자(부모, 교실, 교사) 특별한 준비 75
2. 운동기억의 특별한 준비 79

3
감각통합의 이해

제1장 뇌 발달에 중요한 감각정보 ·········· 89
1. 감각정보의 교통정리 89   2. 무의식, 무자각 3가지 91
3. 감각정보의 통로 93   4. 감각통합의 걸림돌 95

제2장 촉각의 역할 ·········· 97
1. 원시계: 본능적인 역할 99
2. 식별계: 의도적으로 만져서 구별하는 역할 100
3. 본능(원시계)을 조절시키는 식별계의 발달 100

4
신경이 쓰이는 배경 및 발달지원 참고서

제1장 신체인식 시점[사회적 상호작용] ················ 110
1. 지원의 배경 110　　2. 관찰된 아이의 모습 110
3. 보육교사 지원 TIP 112　　4. 부모지원 TIP 113

제2장 신체촉진 시점[감각과 기억] ················ 117
1. 지원의 배경 117　　2. 관찰된 아이의 모습 119
3. 보육교사 지원 TIP 122　　4. 부모지원 TIP 126

제3장 신체자극 시점[시지각과 자세유지] ················ 132
1. 지원의 배경 132　　2. 관찰된 아이의 모습 136
3. 보육교사 지원 TIP 139　　4. 부모지원 TIP 152

제4장 각성레벨 시점[고유각·전정각] ················ 155
1. 지원의 배경 155　　2. 관찰된 아이의 모습 156
3. 보육교사 지원 TIP 159　　4. 부모지원 TIP 160

5
부적응 행동의 배경 및 발달지원 참고서

제1장 또래와 관계맺기가 어려운 아이 ················ 180
1. 표정, 반응이 빈약한 아이 → 각성레벨 저하 181
2. 스킨십을 싫어하는 아이 → 촉각거부반응 184
3. 어부바 또는 안기 어려운 아이
　　→ 평형감각계의 낮은 반응 & 신체인식 발달 미숙 188

제2장 식사 중 걸림돌이 많은 아이 ·············· 193
　　1. 편식하는 아이(입의 촉각으로 거부하는 반응)
　　　　　　　　: 싫어하는 것을 거부하는 반응 194
　　2. 흘리면서 먹거나, 통째로 먹는 아이
　　　　　　　　(입의 운동기능 문제: 저작작용) 199

제3장 스스로 몸치장하기가 어려운 아이 ·············· 204
　　1. 옷 갈아입기를 잘 못하는 아이
　　　　→ 신체인식 발달 미숙과 평형감각계의 낮은 반응 205
　　2. 이 닦기, 얼굴 닦기를 싫어하는 아이 → 촉각거부반응 207
　　3. 스티커 붙이기를 잘 못하는 아이
　　　　→ 신체인식 발달 미숙과 운동기능 미숙 210

6
아이를 사로잡는 상호작용 공식

1단계　CCQ ·············· 217
　　(Calm-잔잔하게 차분하게 / Close-친근하게 다가가기 / Quiet-조용한 톤으로)

2단계　LE ·············· 217
　　(Listening-경청 / Empathy-공감)

3단계　CCQ에 기초한 FIT언어 ·············· 217
　　(Fit-사실에 입각한, Impact-미치는 영향을 생각하고,
　　　　　　　　Taget-새로운 목표를 세우기)

4단계　이제그만 CCTV언어 ·············· 218
　　(Command-명령, Criticize-비난, Tag-꼬리표, Vex-잔소리)

5단계   CCTV 대체언어(4가지 제안) ·········· 218

1. 금지어, 부정어를 **유도하는 언어**로
2. 명령어, 강제어를 **기대치제시어**로
3. 협박어, 공격어를 **소원공유어**로
4. 격한 감정어, 나를 주어로 한 **감정언어**로

6단계   감정조절능력 ·········· 218

7단계   상황별 NESC 상호작용 ·········· 219

(**N**urse-양육, **E**ngagement-개입, **S**tructure-구조, **C**hallenge-도전)

● **부록**

1. 긍정적인 정서를 수용한 상호작용 223
2. CCTV 언어를 **유도언어**로 수정해보세요 225
3. CCTV 언어를 **기대치제시어**로 수정해보세요 227
4. CCTV 언어를 **소원공유어**로 수정해보세요 229
5. CCTV 언어를 **감정언어**로 수정해보세요 231
6. 긍정적인 상호작용 연습노트(사회발달영역 문제행동 중심) 233
7. 긍정적인 상호작용 연습노트(정서발달영역 문제행동 중심) 240

[그림 1] 의식의 층계 - 본능에서 자유의지까지 84
[표 1] 신체인식을 쉽게 할 수 있는 운동놀이 113
[표 2] 자세유지와 신체조절을 위한 전정각의 3요소 135
[표 3] 집중카드와 예측카드 140
[표 4] 보고 이해하는 힘이 향상되는 놀이 141
[표 5] 자세 만들기에 도움이 되는 운동놀이 142
[표 6] 실내에서 즐기는 감각놀이 149
[표 7] 가정에서 즐기는 감각놀이, 운동놀이 154
[표 8] CCQ 상호작용 접근법 162

● **참고문헌** 249

1
우아한 외침

우아한 외침은 '아이가 보내는 특별한 신호'를 말합니다.
아이의 우아한 외침을 어른들은 귀 기울여 들어야 합니다.
그 아이의 내면의 힘을 키우는 기초는 가정에서부터 출발합니다.
그 다음, 어린이집과 연계될 때 시너지 효과를 기대할 수 있습니다.

제1장 가정은 행복충전소

아이가 부모를 행복하게 만드는가? 아니면 부모가 아이를 행복하게 만드는가? 관점에 따라 달라질 수 있습니다.

> **'요즘육아'에서 가장 필요한 게
> '아이들의 입장'에서 생각하는 것**
>
> - 어느 학부모님의 글 -
>
> 저는 솔직히 한 번도 아이입장에서
> 아이를 바라본 적이 없었던 것 같아요. 지금 생각해보니까…
>
> **부모의 입장에서**
> 아이들을 보고
> "어떻게 가르칠 것인가?"
> "어떻게 대할까?"
> "어떻게 키워야 할까?"
> 이런 생각만 해봤지
>
> **다음과 같이 말 해 본적이 없는 것 같다고…**
>
>
>
> • "영종이 자체로도 너무 좋아^^"
> • "영종이 곁에 있으면 엄마는 행복해"
> • "우리 영종이가 있어서 아빠는 너무 행복해!"
> • 언제나 영종이 생각하면 엄마, 아빠는 행복하단다.
>
> **아이들 입장에서**
> 어떻게 내가 가르침을 받아야 되고
> 양육해야 되는지를 몰랐던 거 같아요.
>
> 아이들은 "잘했어" 보다는
> "열심히 해줘서 고마워"
> 라는 말에 더 감동받는다는 것을…

현대사회에 들어서면서 핵가족에 대한 찬양이 절정에 이르러 보육에 관한 일반적인 정통이론은 파괴되고 "위기의 부모"가 하나의 큰 사회적 담론이 되었습니다. 어떤 엄마는 아이가 결혼생활을 구원하는 게 아니라 오히려 허물어뜨린다고 천명하였습니다. "우리는 아기가 어디에서 오는지는 알았습니다. 그러나 아이가 어떤 모습을 하고 내게 다가올지는 알지 못했습니다."

엄마도 엄마가 처음이라… 이 엄마들의 불만은 수면부족(특히 출산 후 몇 달 동안), 많은 빨랫감과 다림질감 등으로 인한 피로누적, 바깥출입 제한으로 사회, 문화생활 및 여유로운 생활 반납, 경력단절로 인한 소득감소, 직장맘으로서 함께 하지 못한다는 죄책감, 밤낮이 바뀌는 생활, 쉼도 없이 갓난아기를 돌보아야 하는 장시간 육아로 인한 노동, 여러 가지 점에서 생활이 어수선한 집안 분위기 그리고 임신과 출산 이후 변화된 몸무게를 비롯한 여러 가지 외모 콤플렉스 등 최근 부모가 되는 경험에 대해서 긍정적인 생각보다는 부정적인 생각을 가지면서 많은 부분들이 과거와 달라졌음을 피력하고 있습니다.

저출산을 장려한 사회문화적 환경에서 자란 요즘 젊은 엄마, 아빠들은 아이를 돌본 경험이 없거나 부족한 까닭에 아이를 대하는 방법을 잘 모릅니다. 또한 핵가족화로 말미암아 부모 이외에 '아이 키우기'에 도움을 주거나 의논할 사람도 가까이에서 찾아보기는 어렵습니다. 특히 급속한 도시화로 우리 아이들이 실컷 뛰놀 공간이 거의 사라지면서, 일상생활을 영위해 가는데 필요한 태도나 행동에서 나타나는 행동저하가 아이들의 성장이나 발달에 문제로 나타나게 됩니다.

'가정교육의 위기'라는 말이 사람들의 입에 오르내릴 정도로 가정교육이 사회적 이슈로 떠올랐습니다. 그 원인은 부모와 자녀를 둘러싼 가정환경의 변화로 볼 수 있습니다. 생계를 위해 맞벌이 가정이 늘어나고 집보다는 일과 직장을 우선시 할 수밖에 없으므로 부모가 아이들 교육을 진지하게 고민할 시간은 턱없이 부족합니다.

우리나라는 출산장려정책을 끊임없이 내고 있으나, 예전의 육아와 달리 오늘날 육아의 새로운 특징을 비추어 볼 때 부모로서의 우리 삶이 예전에 비해서 한층 복잡해 질 수밖에 없다는 사실은 누구도 부인할 수 없습니다. 어떤 부모들은 아이를 보통 인생에서 이루는 소중한 성취 가운데 하나로 생각하고 마치 인생의 아주 거대한 꿈을 꾸듯이 개인적인 육아 철학에 입각해서 아이들을 개성대로 키우려는 강한 의지를 드러냅니다. 그러나 실제로 많은 어른들이 부모자격을 충분히 갖추고 또 준비가 되었다고 생각할 때까지는 아이를 가질 생각을 하지 않는 경우도 많습니다. 이처럼 결혼 또는 육아에 대한 관점이 모두 다 같을 수는 없습니다.

우리 아이가 왜 이럴까요? 라고 묻는 부모님들의 경우는 대부분 일반적으로 충동성이 높은 아이들이 많습니다. 자기 아이가 공격적인 행동이 보여 난폭한 것 같다고 이야기하는 부모들이 있습니다. 그런 부모들은 대개 아이 입장에 대한 이해가 부족합니다. 예를 들어 엘리베이터를 탔는데 약간 덩치가 큰 아저씨가 탔습니다. 아이는 그 모습을 보고 바로 "아~~ 이 아저씨 돼지네"라고 그 자리에서 말해버립니다. 실제로 이 아이는 그 아저씨를 비하하거나 기분 나쁘게 할 의도는 없었으나 자기도 모르게 상대방의 입장을 고려하지 않은 채 말을 해버리는 것입니다. 이러한 충동성이 높은 아이들은 결과를 고려하지 않고 즉각적 행동이나 반응을 보이거나, 타인의 이야기를 잘 듣지 않고 말이 끝나기 전에 대답하는 경우가 많습니다.

그러나 이런 아이들을 난폭하다고 단정 짓기보다는 상황에 따른 반응의 속도가 다른 아이보다 빠르다는 것을 알아야 합니다. 이 아이에게 충동성이 낮아지는 과정이 필요함을 인식하고 경청과 공감을 통한 상호작용으로 마주할 때 충동성이 높은 아이의 반응 속도는 조금씩 안정감을 찾는 모습으로 달라지게될 것입니다. 충동적인 행동을 스스로 조절하는 자제력으로 키우기 위해서는 마음과 마음을 연결하는 상호작용이라는 다리가 필요합니다. 만약, 마음과 마음이 제대로 연결되지 않을 경우 둘만의 시간을 가지고 하루의 일과에 대해 이야기를 나누어 보는 것이 처방전이 될 수 있습니다. 이러한 서열 재정비를 통해 충동적인 행위에 대해서 스스로 반성하는 모습을 볼 수 있게 됩니다. 마음과 마음을 연결하는 상호작용은 양이 아니고 질로 승부해야 합니다. 상호작용을 위한 놀이과정은 길어도 15분 이내로 몰입해주는 질이 중요합니다.

 우리 아이들의 소리 없는 마음 속 우아한 외침을 어른들이 알아차리고 행복 충전 놀이를 일관성 있게 진행할 때 아이들은 모든 감각통합을 통해 자연스럽게 행동을 조절해 나가게 될 것입니다. 이런 과정에서 아이가 "역시 우리 엄마야!" 라고 외칠 때 어른의 작은 노력은 결실을 맺게 될 것입니다.

🐥 행복 충전 놀이

※ 자신의 몸에 올바른 자세를 의식화 할 수 있는
체조나 운동도 매일 진행하면 좋습니다.

- ▶ 제   목: 신체인식 & 조절 놀이
- ▶ 준 비 물: 전신거울, 의자
- ▶ 소요시간: 3~5분 정도
- ▶ 직접목적: 자신의 신체를 인식할 수 있다.
  자신의 신체를 스스로 조절할 수 있다.
- ▶ 간접목적: 부모와의 교감이 이루어진다.
  긍정적인 피드백을 통해 자신감을 형성한다.
  진짜놀이의 전 단계 활동이 될 수 있다.
  스스로 신체를 인식하고 조절하므로 사회관계가 원만해진다.
- ▶ 놀이방법: ① 거울 앞에 의자를 놓고 아이를 의자에 앉게 한다.
  ② 거울을 바라보게 한다.
  ③ 거울 속 자신의 모습을 관찰하며 생각 후 행동,
  생각 후 반응할 수 있도록 유도한다.
  예: "○○야! '몸'을 스스로 모니터링하는 놀이 해보자"

→ "오른팔을 천천히 높이 올려보자"
→ "열 번 세어보자"(천천히 열 번을 센다)
→ "오른팔을 천천히 내려보자"
→ "왼팔을 천천히 높이 올려보자"
→ "열 번 세어보자"(천천히 열 번을 센다)
→ "왼팔을 천천히 내려보자"
→ "양팔을 천천히 높이 올려보자"
→ "열 번 세어보자"(천천히 열 번을 센다)
→ "양팔을 천천히 내려보자" 등
→ 다리도 팔과 같이 반복한다.

신체를 스스로 모니터링 해 나가는 과정을 통해 아이의 몰입정도가 조금씩 변화가 되어 갑니다. 이 3~5분 가량의 시간이 소요되는 짧은 놀이가 아이와 부모가 함께 하는 진짜놀이가 될 수 있도록 노력하는 부모가 필요합니다.

어느 유행가 가사처럼 "전화기 충전은 잘 하면서 내 삶은 충전하지 못하고…" 아이와 마주하는 어른들의 마음에 여백이 없다면 "천천히"라는 단어 또한 쉽게 실천하기 어려운 부분일 수 있습니다. 심리적인 안정감을 유지하도록 노력해야 합니다. 이때 훈육의 포인트는 아이들이 해도 되는 행동과 해서는 안 되는 행동 등에 대해 정확하게 금지, 한계, 제한을 일관성 있는 상호작용으로 안내해주는 안정적인 어른을 만나면 아이는 행복해집니다.

가정에서의 행복충전은 감정과 생각과 행동을 분리해서 생각할 때 가능해집니다. 피아제이론에 비추어보면 전조작기 유아는 원인과 결과 간의 관계에 대한 논리적 추론능력이 결여되어 이 시기에 매우 독특한 인과적 사고를 하게 되는데 예를 들어 **"내가 말을 안 들어서 엄마가 아픈 거예요"** 라든지 **"나는 낮잠을 자지 않았어. 그러니 지금은 오후가 아니야"** 라고 서로 관련 없는 두 개의 사건을 연결시키는 전환적 추론을 하는 특성을 가지고 있습니다. 이러한 아이들에게 가정에서 부모가 신처럼 군림한다든지 부모로서의 의무를 다하지 않아 가장 기본적인 감정을 잘 발달시키지 못한 경우에는 마음과 마음이 서로 소통하는 행복충전에 걸림돌이 생길 수 있습니다.

1. 놀이 환경 충전소

환경이 구조(structure)화 되면 산만함(distraction)이 줄어듭니다. 정돈된 환경을 제공하고, 집중해야 할 놀이에 대한 매력을 높일 수 있도록 항상 그 자리에 세팅해두고, 정해진 자리에서 놀이할 수 있도록 상호작용해 주어야 합니다. 단순하게 놀잇감을 어질러 놓고 노는 경우는 별로 걱정하지 않아도 됩니다. 왜냐하면 세상을 향해 활발하게 탐색하려는 심리적 동기를 나타내고 있기 때문입니다.

아이는 정해진 놀이공간의 참조좌표가 있다는 것을 구조화시켜주고, 그 참조좌표에 따라 정리의 차원보다는 짝짓기 하는 수준으로 상호작용하면서 모델링을 보여주면 아이가 감각적으로 짝지을 수 있습니다. 정리하면서 놀게 하는 것보다 다 놀고 난 다음의 순서가 정리정돈이라는 것을 인식시키는 것이 중요합니다. 정리도 놀이의 과정이라는 것을 알려줄 필요가 있으며 아이가 정리를 했을 때는 과정에 대한 칭찬을 아끼지 말아야 합니다. 또한 정리하는 것이 복잡하면 포기할 수도 있으므로 손쉽게 정리할 수 있는 구조화된 환경을 만들어 주는 것이 중요합니다.

2. 주의집중 충전소

1) "도와주고 싶었는데… 너에게는 방해가 되었구나"
2) '기다림은 최고의 배려'라는 걸 몰랐구나

주의집중 시간은 칭찬과 보상이 주어지면 점점 늘어납니다. 아이의 주의력에 부모가 집중한다는 것이 필수사항입니다. 단, 집중할 때는 아이를 안정감 있는 표정으로 지켜보거나 기다려주어야 합니다. 집중이 끝나거나 어른의 도움이 필요한 사항이 올 때에는 아이가 어른에게 신호를 보내게

됩니다. 그러나 그 신호를 보내기도 전에 미리 알아서 모두 다 해주는 경우에는 아이 스스로 주의력 집중에 방해가 됩니다. 가끔은 아이가 집중을 하는 것보다는 산만한 행동을 할 때 강한 어투나 화난 어조로 이름을 부르거나 소리 지르게 되면, 아이가 부모에게 관심을 받는다고 착각하게 되는 경우가 많습니다. 이런 잘못된 인지왜곡 현상을 줄이기 위해 산만한 행동을 할 때에는 조금 무관심한 태도를 보이고 결과보다는 아이들의 시도하는 그 자체 즉 과정에 대한 칭찬을 해주는 것이 효과적이라는 것을 명심해야 합니다. 점차 주의 집중하는 시간을 늘려가는 과정에서 부모의 칭찬과 격려가 긍정적인 개입으로 나타날 수 있도록 상호작용해 주는 인적 환경이 매우 중요합니다.

3. 행동 한계 충전소

화를 내거나 감정 조절이 어렵고, 행동을 예측하기 어려운 아이, 쉽사리 흥분하고 충동적이거나 다른 아이들에게 방해가 되는 아이, 주의집중 시간이 짧아서 한번 시작한 일을 끝내지 못하는 아이, 주의력 부족으로 자주 다치는 아이, 요구에 금방 반응하지 않을 경우 쉽게 좌절하는 아이, 자주 또 쉽게 울어버리는 아이, 금방 기분이 확 변하는 아이 등 이러한 아이의 문제행동의 배경에는 여러 가지 이유가 있습니다. 그 이유를 살펴보면, **약속을 잘 지키지 않는 부모, 아이에 대한 기대가 지나친 부모, 아이의 감정표현을 잘 받아주지 않는 부모, 작은 일에도 다그치거나 야단치는 일이 잦은 부모, 무엇이든 미리미리 챙겨줘 버리는 부모, 서툴다고 기다려주지 못하는 부모들은 과하게 감정만 수용해 주고 행동의 한계를 설정하지 않았**

을 때는 아이에게 발달적인 변화를 기대하기는 어렵습니다. 문제행동을 변화시키기 위해서는 아이의 행동을 유발하는 원인분석과 환경을 꾸준히 관찰하면서 상황에 맞게 상호작용을 할 때 불안의 정서가 점점 없어지게 됩니다.

최근 우리 사회의 양육방식은 아동의 개별적인 특성을 살펴서 지원하기보다 산후조리원, 아이돌봄서비스, 어린이집 등과 같은 사회적 돌봄 서비스가 확대되었으나 이러한 양육환경은 아이의 개별적인 욕구와 준비정도, 능력에 맞추어 발달과업을 습득할 수 있도록 지원하는 데에는 한계점이 있습니다. 그 이유는 일관성 없는 부모의 잘못된 훈육, 체벌, 학대뿐만 아니라 사회적 돌봄 서비스의 격차로 인해 아이의 정신건강을 해치게 되는 사례도 매스컴을 통해 많이 볼 수 있었습니다.

특히 아이에게 심리적으로 가장 가까운 사람은 부모이고, 아이는 그 부모로부터 가장 많은 영향을 받기 때문에 심리적 안녕을 도모하는 것이 가장 우선되어야 합니다. 전 생애 발달적 관점으로 볼 때 영유아기는 자아를 형성해가는 초기 단계로 자신의 연령에서 기대되는 발달과업을 적절히 성취하여 수행하지 못했을 때 심리적·행동적 어려움을 심각하게 경험하게 됩니다. 특히 부모가 착각하는 이유는 아이를 향한 사랑에 눈이 멀거나 지나치게 부정적인 엄마들은 아이에 대한 걱정이 너무 많아 엄마가 시키는 대로 자신이 좋아하는 부분만을 강화시켜 아이의 머릿속 구조가 엉망진창이 되어버립니다. 그 엉망진창인 옷장(머리 속)에서 내가 원하는 옷(답)을 찾기는 매우 어렵습니다. 어릴 때는 정리가 조금 덜 된 옷장처럼 되어도 크게 문제되지는 않습니다. 그러나 초등학교 이상이 될 경우 머릿속 정답을 스스로 꺼낼 수 있는 능력이 부족하므로 공부를 잘 할 것이라는 기대를 한다면 실망감도 커지게 될 확률이 높습니다. 그러므로 아이가 원하고 잘

하는 부분은 강화시켜주고 잘 못하는 부분은 다양한 자극을 주어서 보완하게 해야 합니다. 이때 부모는 관찰을 통해 아이의 강점과 약점을 잘 파악하여 믿고 기다려주어야 합니다. **기다림은 희망입니다.**

　부모에게 드리는 처방전으로 "감정은 수용하고, 행동의 한계는 분명히 설정하라"는 미션을 드립니다. 감정은 적절히 수용하되 잘못된 행동은 "일단 멈추게 하고, 눈을 쳐다보게 한 후 들을 수 있도록" … 활동량이 많고 산만한 아이들에게 "멈춘다"라는 부모의 리듬이 있는 언어(단호한 표정과 어투)를 듣고 즉시 "멈추는 훈련"을 반복적으로 연습해야 합니다. 신체의 움직임 조정이 가능할 때까지 또는 아이가 인식될 때까지라는 전제를 염두에 두어야 합니다. 이러한 움직임의 조정이 스스로 인식될 때 자제력, 절제력, 감정조절능력까지 변화할 수 있습니다.

4. 긍정적 시그널 충전소

　우리는 가정교육의 중요성을 너무나도 잘 알고 있으면서 그 방식과 해법이 포괄적이고 객관적이지 못한 측면을 최근 뉴스를 통해 볼 수 있습니다. 최근 아동학대 현황 통계를 보면, 2013년 80.3%, 2014년 81.8%, 2015년 79.8%, 2017년 77.2% 등 국내 아동학대 사건의 80%는 가정 내에서 발생했습니다. 아동의 전인격을 형성하는데 절대적인 영향을 미치는 부모에 의해 가장 많은 학대가 행해지고 있다고 볼 수 있습니다. 또한 학대 행위자의 두드러지는 특성을 분석한 결과, "양육태도 및 방법 부족"이 35.6%로 나타나 사회·경제적 스트레스 및 고립요인(17.8%), 부부 및 가족 갈등(10.4%)보다 월등히 높았습니다. 이를 통해 보면 부모가 아동의 기본적 특성과 적절한 양육방법을 잘 알고 있을수록 훈육이 학대로 이어지는 상황을 방지할 수 있다는 것을 알 수 있습니다(www.sporbiz.co.kr, 보건복지부).

　그러나 부모의 권위와 역할, 자녀의 순종과 기본예절이 결핍되어 주객

이 전도되고 의무와 책임만 강요당하고 그 중심이 균형을 잃고 있는 현실입니다. 핵가족화라는 도시의 새로운 생활 스타일은 전통적으로 이어져 내려온 육아 문화를 계승할 수 없게 되었습니다. 급속한 도시화로 우리 아이들이 뛰어놀 공간이 크게 줄어들었고, 핵가족화로 말미암아 '신경이 쓰이고 키우기 힘든 아이'가 점점 많아지는 추세에 있습니다. 그 원인이나 요인을 파악하는데 있어서 사회·문화·교육학적 시점에서는 코로나-19, 부모의 맞벌이, 형제수의 감소, 신체활동 부족, 아이들의 조기학습 등 육아 환경의 변화를 들 수 있습니다. 즉 양육 이것은 핵가족 사회가 가져온 가정 문화의 변화에 기인한다고 볼 수 있습니다. 그러므로 자녀에 대한 모든 가르침은 부모를 통해 먼저 시작해야 합니다.

이제는 엄마의 독박육아가 아닌 아빠의 적극적인 참여로 부부가 함께 하는 육아문화를 확산하는 계기를 마련하며, 더 나아가 청년세대가 결혼과 출산을 꿈꿀 수 있고 우리 사회가 처한 인구감소 문제에 대한 다양한 해법들이 논의될 수 있는 건강한 문화가 조성될 수 있기를 기대합니다.

사가라 아츠코는 '**내 아이가 삶의 기쁨이 충만한 인생을 보내게 하고 싶다!**' 이것이야말로 모든 부모의 소원이라고 하였습니다. 그런데 어린 시기에 어른이 불필요한 도움을 주거나 지나치게 간섭하여 아이의 '생명의 법칙'을 무시하므로 자신을 무기력한 존재로 생각하여 스스로 자신의 삶을 독립적으로 꾸려 나가기를 두려워하는 아이로 자라나기도 합니다. 그로 인해 오히려 미래에 부모는 더 큰 고통을 감수해야 할지도 모릅니다. 그러므로 한 살 즈음 지날 때 "내가! 내가!"를 외치기 시작할 무렵부터 독립실현 의지를 인식하고 아이 스스로 최선을 다해 **"나 혼자 할 수 있게 되었다!~"** 라고 하는 지상 최고의 기쁨을 맛볼 수 있게 도와주어야 합니다. 인간의 삶의 기쁨은 여기서부터 시작되기 때문입니다.

　인성교육의 출발은 부모의 양육태도가 좌우합니다. 근래에 와서 동물 사육과 식물재배에도 음악으로 접근하는 시대가 되었습니다. 하물며 자녀 교육에서 논할 바가 있겠습니까? 기본생활 예절과 바른 인성교육을 위한 전문적 소양과 발달이 신경 쓰이는 아이에 대한 이해를 통해 어린이집, 유치원뿐만 아니라 가정에서부터 행복을 충전하는 양육프로그램을 투입할 필요가 있습니다.

　특히 신경이 쓰이는 행동문제 지도를 위해 부모와 협력하기 위해서는 상호신뢰관계를 형성할 수 있도록 솔직함을 바탕으로 가족의 특성을 파악하여 가족의 기대나 성향을 존중하며 협력을 구하고 부모의 특성에 맞는 의사소통 방법을 선정하고, 행동문제 중재를 위한 모든 과정에 가족을 참여시키고 동의를 구해야 합니다.

　이때 어른의 무조건적인 봉사 또는 불필요한 도움은 잠재력(natural power)발달에 장애가 될 수 있습니다. 몬테소리 의학박사는 "**아이를 인형처럼 취급하거나 불필요한 도움을 계속적으로 베풀어 주는 것은 그들의 존엄성을 헤치며 인생의 행로에 장애물을 놓는 것과 같은 영향을 초래한다.**" 고 하였습니다. 그러므로 자녀가 스스로 행동하고 자신을 다스리는 힘을 키워가며 자신을 만들어갈 수 있는 충전소를 부모가 우선적으로 만들어주는 환경이 필요합니다. 미래를 살아갈 우리 아이들이 강하게 되려면 인내와 끈기가 필요하고 함께 노력하는 자세가 필요합니다. 욕구는 인정하되 아이의 가능성을 믿고 기다려주는 부모님의 결단과 전문기관에 도움을 받기 전 부모가 열린 마음으로 양육에 대한 고민을 털어놓기까지 부모의 용기도 필요합니다. 부모는 아이의 거울입니다.

제2장 어린이집은 행복발전소

1. 기다림은 희망 발전소

　최근 우리나라에서 취업모 증가, 비혼율 증가, 출산율 감소, 이혼율 증가와 같은 가족 변동 및 경쟁적 분위기를 조장하는 상황들이 아이에게 부담으로 다가오고, 좌절된 욕구와 안전만을 강조한 통제 경험들이 누적되고 이전보다 증가하면서 아이의 문제행동이 유발되고 심각한 발달상의 문제를 일으키고 있습니다.
　육아정책연구소와 보건복지부 연구에 따르면 문제행동 사례는 다음과 6개의 영역으로 나누어 심각성을 알 수 있습니다(이미화, 2013).
　첫째, 기본생활영역 중 영아의 경우 위험한 행동을 자주한다(55.1%), 특정 음식만 선호하거나 거부하는 등 편식을 한다(30.3%), 배변시기가 지났는데 대소변을 가리지 못한다(24.8%) 순으로 높았고, 유아의 경우 위험한 행동을 자주한다(69.6%), 차례를 지키거나 기다리는 것이 어렵다(29.7%), 특정 음식만 선호하거나 거부하는 등 편식을 한다(21.7%) 순으로 높았습니다.
　둘째, 신체운동발달영역 중 영아의 경우 움직임이 너무 많다(41.6%), 조절을 잘 못하여 빈번하게 부딪히거나 넘어진다(38.1%), 항상 기대어 있고 바르게 앉지 못한다(27.7%)순으로 높았고, 유아의 경우 움직임이 너무 많다(47.8%), 항상 기대어 있고 바르게 앉지 못한다(29.7%), 대근육 발달이 느려 운동능력이 떨어진다(23.9%) 순으로 높았습니다.
　셋째, 사회성발달영역 중 영아의 경우 소리를 지르거나 때리고 부수는 등 공격적인 행동을 한다(65.2%), 소심하거나 사회적 기술 부족으로 또래와 어울리기 어렵다(24.3%), 교사나 친구와 눈을 마주치지 못하고 혼자 있다(22.6%)순으로 높았고, 유아의 경우 소리를 지르거나 때리고 부수는 등 공격적인 행동을 한다(59.9%), 특정 또래를 따돌리거나 놀지 않겠다고 위협한다(35.0%), 소심하거나 사회적 기술 부족으로 또래와 어울리기 어렵다(24.8%) 순으로 높았습니다.

넷째, 정서발달영역 중 영아의 경우 부모와의 불안정 애착으로 분리불안을 보인다(46.4%), 분노를 폭발하거나 감정조절이 어렵다(45.6%), 부주의하거나 산만한 행동을 많이 나타낸다(28.7%) 순으로 높았고. 유아의 경우 분노를 폭발하거나 감정조절이 어렵다(60.3%), 부주의하거나 산만한 행동을 많이 나타낸다(38.3%), 잘못을 인정하지 않고 지나치게 고집을 부린다(24.1%) 순으로 높았습니다.

다섯째, 언어발달영역 중 영아의 경우 상대방의 말을 들으려하지 않는다(58.0%), 주로 울음 또는 몸짓으로 의사를 표현한다(57.2%), 질문 또는 지시에 대한 반응이 적절치 않다(37.2%)순으로 높았고, 유아의 경우 다른 사람 말을 집중하여 듣지 못한다(64.6%), 유행어나 비속어를 자주 사용한다(39.1%), 말을 더듬거나 속도와 크기 조절을 어려워한다(37.5%) 순으로 높았습니다.

여섯째, 인지발달영역 중 영아의 경우 눈을 마주치지 못한다(48.3%), 주교사나 또래의 놀이행동에 관심을 보이지 않는다(47.1%), 물건을 보여주거나 소리를 들려주어도 반응을 하지 않는다(46.2%) 순으로 높았고, 유아의 경우 당면한 문제를 해결하기 어려워한다(51.0%), 이야기나 동화의 내용을 잘 파악하지 못한다(38.8%), 일상생활용품을 용도에 따라 사용하지 못한다(37.2%) 순으로 높았습니다.

 교사의 중요성을 이야기 한다면, 가장 먼저 떠올려지는 표현 중의 하나가 '교육의 질은 교사의 질을 능가하지 못한다'는 말입니다. 이 말은 교육의 핵심이 교사임을 단적으로 표현하는 말입니다. 아무리 훌륭한 시설과 최신식 장비를 갖추어 놓은 어린이집이라도 그것을 교육적으로 활용할 수 있는 유능한 교사가 없다면 좋은 교육이 이루어질 수 없습니다. 따라서 보육교사는 어린이집에서 가장 핵심적인 위치를 차지하고 있으며, 또 실제적으로 학업수행에 있어서 결정적인 영향을 미치고 있는 사람입니다.
 영유아 문제행동 지도 실태에서 보육실 내 문제행동을 보이는 영유아가 60% 이상인 영역이 정서발달(67.3%), 사회성발달(65.4%), 기본생활(66.3%)로 영유아 문제행동 지도를 위해서는 한계점에 이르게 됩니다(이미화, 2013).
 그 이유는 아이의 행동과 반응을 주기적으로 관찰, 기록하고 아이의 개별특성과 시간에 따른 변화과정에 대한 평가로 개별 영유아를 종합적으로 이해하고 지원방법을 수립하여 유용한 기초자료를 제공합니다만, 객관적인 관찰을 토대로 아이가 당면한 문제를 파악하고 이해하고자 노력하는 것만 보육교사의 고유 업무입니다.
 아무리 유능한 보육교사라고 하더라도 아이들의 여러 가지 문제행동(아이가 보여주는 여러 가지 상황이나 활동)으로 인한 안전사고에 대한 노출이라든지 그 행위에 대한 정확한 진단은 보육교사가 할 수 없는 부분입니다. 또한 과학적인 방법으로 자세히 관찰하고 기록, 분석함으로써 영유아의 발달 및 행동을 더 잘 이해할 수 있도록 객관적인 관찰을 수행한 부분일지라도 학부모에게 사실 그대로 전달하는 부분이 쉽지 않음을 토로하고 있습니다. 그것은 보육현장에서 문제행동지도를 할 때 정서발달, 사회성발달 및 기본생활 등이 가장 어려운 영역임을 나타내고 있습니다.

문제행동 지도에 대한 요구도가 높은 이유로는 교육기회가 없어서(70.3), 교육 시기나 장소가 적당하지 않아서(21.8%), 문제행동 지도에 대한 교육 필요를 느끼지 못해서(5.7%), 교육비용 부담 때문에(1.3%), 기타(0.9%)순으로 나타났습니다. 그러므로 전문가의 자문 및 교사연수 확대, 학부모 상담 및 원외 자문 강화 등 문제행동 지도 관련 교육은 실제 사례 중심의 지속적인 교육이 소규모로 진행하는 것이 질적인 향상을 보장받을 수 있게 됩니다. 그러므로 아이의 문제행동은 개인 및 가족이 경험하는 일상생활의 어려움뿐 아니라 사회·경제적인 면에서도 생각이나 가치 기준에 따라 다양한 상황을 유발합니다. 일반적으로 4% 정도에 해당하는 아이는 특별한 개입이 필요하고 집중적인 중재도 필요합니다. 가정뿐만 아니라 경우에 따라서는 다른 전문가(의사, 치료사, 상담사 등)들의 협력이 필요합니다.

어린이집이 행복 발전소가 되기 위한 전제조건은 발달의 적기성에 따라 아이의 움직임에 대하여 꾸준히 연구해야 하고 이때 제대로 연구가 되려면 아이에게 자유를 주어 아이의 참모습을 관찰하는 것부터 다시 시작해야 합니다. 즉 믿음으로 기다려야 한다는 것이 전제가 되어야 합니다.

이때 보육현장에서는 사회적 유능감과 문제행동 예방을 위해 아이의 요구에 민감하게 반응하고, 비언어적인 의사소통을 효과적으로 사용하는 방법과 문제행동을 사전에 방지하기 위해 예방적으로 일과 및 교과운영을 신중하게 계획하는 것뿐만 아니라 교사 대 아동비율에 대한 고민이 필요합니다. 교수매체와 교재교구를 발달준거에 따라 신중하게 선택하고, 배열, 배치도 아주 중요합니다. 아이의 사회·정서발달을 촉진할 수 있는 교수전

략을 계획·실행·적용하고, 감정과 관련된 놀이지도(감정언어 상호작용, 타인의 감정 알아내기 상호작용, 타인과의 갈등 해결 방법 상호작용, 우정을 포함한 사회적 기술 상호작용)등 체계적인 지원이 필요합니다.

2. 기다림은 자아통제 발전소

1) 자아통제의 정의

자신의 행동을 조절하는데 영향을 주는 것을 변화시켜 자신의 행동을 스스로 조절하는 것이 자아통제입니다. 이는 충동을 조절하고 감정과 사고를 변화시키며, 부적절한 행동을 중단시킵니다. 한마디로 자아통제는 놀이에서 주의력을 지속시키는 능력을 말합니다. 행동을 자제하는 능력, 규칙을 지키려는 행동 의지, 서로 충동하는 욕구나 행동을 억제해야 하는 상황에서 나타나는 행동 등을 통해 놀이의 변화 정도를 알 수 있습니다.

2) 자아통제의 중요성

자아통제는 약속을 지키려는 힘입니다. 아이에게 자아통제를 기대하는 이유는 성공적인 사회적응의 길라잡이로서 마스터키가 되기 때문입니다.

3) 자아지각과 부모의 양육행동과의 관계

기다림을 배울 수 있는 기회가 아이들에게 필요합니다. 기다림의 처음 순간은 짧게, 그리고 다른 것에 집중하면서 점차 성장해 나갑니다. 가정은 아이가 태어나 처음 접하게 되는 일차적 사회집단으로 아이는 이 가정에서 부모와의 관계를 중심으로 기다림을 통해 사회화되며 인지적, 사회·정서적으로 성장 발달해 나갑니다. 특히 부모가 자녀를 양육하는 과정에서 취하는 행동이나 태도가 아이의 발달에 있어 중요한 요인이 된다는 연구결과가 보고되면서(권연희, 1995; 김영희, 1996; 전경숙, 조은영, 1997; Belsky, 1984; Ladd & Price, 1988; Putallaz, 1988) 아이의 자아지각에 대해서도 부모의 양육행동과의 관계를 밝히는 연구가 활발히 진행되어 왔습니다.

아이의 자아지각과 어머니 양육행동은 아주 관련성이 크다는 것을 연구결과에서 알 수 있듯이 어머니의 반응성은 아이의 신체능력에 대한 지각과 또래로부터 수용되는 정도와 정적관계를 나타냈으며, 통계적으로도 유의한 차이를 나타냈습니다. 또한 어머니의 합리적 지도와 아이의 자아지각과의 관계 및 어머니의 애정성과 아이의 자아지각과의 관계에서는 정적관계를 나타냈습니다(안지송, 2004). 이와 같이 자아지각에 영향을 주는 변인으로 가장 중요한 요인은 부모도 중요하지만, 보육시간이 길어짐에 따라 보육교사의 역할 또한 매우 중요한 요소가 아닐 수 없습니다.

4) 자기조절능력과 교사와 아이의 상호작용

가정에서 행복 충전 놀이가 선행될 때 어린이집에서의 행복 발전 놀이는 더욱 효율성 측면에서 가치가 높아진다고 볼 수 있습니다. 취업모 증가와 조기 교육에 대한 관심으로 인해 출생 후 어린 시기부터 어린이집을 경험하게 되었고, 보육정책 또한 맞벌이부부를 위한 오후 4시 이후 연장보육 등으로 어린이집에서 생활하는 시간이 늘어남에 따라 교사의 보호와 교육을 받는 시간 또한 자연스럽게 길어지게 되었습니다.

매일 긴 시간 어린이집 생활을 하고 있는 아이들을 관찰해보면, 아이 스스로 주도적인 활동을 잘 하는 아이들은 자신감뿐만 아니라 자아효능감도 아주 높습니다. 하지만 그렇지 못한 아이들도 적지 않습니다. 특별한 관심과 사랑이 필요한 아이뿐만 아니라 일반 아이들에게 이르기까지 교사들은 많은 연구와 더불어 사례를 공유하면서 긴 시간 동안 긍정적인 요인들을 찾기 위해 노력하고 있습니다.

특히 놀이마다 마무리가 되지 않는 아이, 놀이의 시작과 끝이 없는 아이, 발길 닿는 곳마다 놀이에 대한 목적과 경계 없이 어질러만 놓는 아이, 한 가지 놀이에 몰입이 어려운 아이, 방금 이야기한 것도 돌아서면 바로 잊어버리는 아이, 눈 맞춤이 되지 않는 아이, 편식이 많은 아이, 바른 자세로 앉아 있기가 힘든 아이, 자신이 원하는 놀이가 없이 친구의 놀이를 방해하는 아이 등을 마주하면 교사로서 바람직한 행동지원방안을 모색하기 위해 다양한 노력들을 기울이고 있습니다만, 개인차가 있어 한계치에 다다르게 됩니다.

문제 행동은 관점에 따라 다를 수 있겠지만, 다른 아이의 권리를 부당하게 방해하는 아이, 자신 또는 다른 아이가 다칠 정도의 뚜렷한 위험을 수반하는 아이, 사물을 난폭하게 다루거나 생물을 학대하는 등의 결과를 초래하는 행동, 또래 아이들에 비해 기본 자조기술이 부족한 행동 등 이러한 부적응 행동은 기질, 유전 등 통제할 수 없는 상황도 있겠지만, 어떤 측면에서 자신의 생각이나 감정에 대해 신호를 보내고 있습니다(최순자, 2015).

아이의 사고수준, 행동의 심각성, 빈도, 문제행동의 원인 등을 고려하며 바람직한 행동지원을 위해 지속적인 문제행동을 관찰하고, 그 관찰된 행동에 대한 자료수집이 끝나면 수집된 자료를 통하여 아이의 행동을 분석합니다. 행동분석은 행동을 유발시키는 선행자극(또래들 놀이에 함께 하지 못해 울고 있다)과 행동(교사와 다른 친구들의 관심을 끌고 있다), 행동 뒤에 따르는 후속자극(놀이를 방해하거나 친구를 발로 차거나 밀친다)을 찾아냅니다.

이와 같이 행동분석을 통해 아이의 행동을 유발시키는 선행자극과 행동을 자극시키고 감소시키는 후속자극이 무엇인지 알고 긍정적인 상호작용을 통해 아이의 행동지도는 체계적이면서 쉽게 이루어지며 좋은 결과를 낳을 수 있게 됩니다(이순례 외, 2004). 이때 무조건 강요하기보다 발달특성과 이들의 욕구를 먼저 이해하는 것이 중요합니다. 이 아이가 수용할 수 있는 행동을 배워갈 수 있도록 사회화를 통해 자제력을 키우고 다른 아이들과 어울리는 법을 배우고 익히며 가족 또는 어린이집의 규칙을 따르는 법도 배워가게 됩니다(이순례 외, 2004). 교사와 아이의 상호작용이 잘 이루어질수록 아이들의 자기조절능력은 높아지는 결과가 나타나 교사와 아이의 상호작용과 아이들의 자기조절능력간의 관계는 상호 밀접한 관련성이 있음을 알 수 있습니다.

1.
"안 돼" 보다는
"그만" (단호한 어투로)
or "하지 마!" 보다는 **"일부러 안하면 좋을 것 같아!"**

2.
"내려와!" 보다는
"내려오면 좋겠어!"
또는 **"위험해서 걱정돼, 어떻게 하면 좋을까?"**

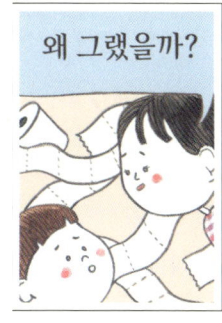

3.
"왜?" 보다는
"휴지를 풀고 싶었어?"
"풀어서 흩트린 휴지를 우리 함께 돌돌 말아보자"

4.
"때문에" 보다는
"덕분에"

어린이집 내에서 금지 또는 통제하는 상호작용보다는 긍정의 언어 즉 정서적 상호작용, 언어적 상호작용, 행동적 상호작용이 존재할 때 어린이집은 행복 발전소로 진화됩니다.

오늘날 어디에서나 신속하게 메시지를 보내는 것이 가능하고 우리는 신체적인 능력을 초과하는 속도로, 쓰고 말하기 전송을 합니다. 생명을 지탱하기 위해서는 이러한 환경과 소통하지 않으면 안됩니다. 아이의 긍정적인 자아 이미지 형성에 중요한 세 가지 즉 사람, 선택, 경험 등을 소홀히 하지 않도록 제대로 된 상호작용으로 대화에 꼬리에 꼬리를 무는 머릿속 지식들을 연결시켜 줄 때 우리 아이들의 긍정적인 자아상은 형성됩니다.

자기를 통제하는 능력은 사회에 성공적으로 적응하는 중요한 열쇠입니다. 때때로 언어를 흡수하고 그것을 완벽하게 재생할 수 있으나, 정서적인 문제 때문에 언어를 사용하지 않는 아이들도 있습니다. 극단적인 경우는 주변 환경으로부터 자기 자신을 격리하려는 의식적인 판단으로 말을 하지 않는 자폐아의 경우를 볼 수 있습니다. 훌륭한 정서적인 환경은 언어의 최적 발달과 생활의 경이로움을 발견하게 됩니다. 풍부한 사회적, 정신적 삶을 발달시키기 위하여 자기를 통제하는 능력을 발달시켜 주지 않은 채 무조건 억압·통제만한다면 부모와 아이 그리고 교사의 행복한 미래는 보장될 수 없다는 것을 꼭 기억해야 합니다.

제3장 이유있는 시그널

1. 아이가 보내는 마음속 신호 "내가 할 거야!"

만 0세반 어린이집에서의 사례1)

　바깥 놀이터에서 신나게 놀고 시원한 정자에 앉아있던 OO이가 신발을 잡고 있습니다. "선생님이 도와줄게" 이야기하며 신발에 손을 뻗는 그 순간, OO이가 "내가~ 내가~" 이야기하네요. 그 순간 아차! 싶었습니다. 아이가 보내는 시그널을 놓치고 있었던 것이지요. 시간이 오래 걸렸지만, 신발을 스스로 벗은 OO이…!! 그 미소를 잊을 수 없습니다. 스스로 해냈을 때의 그 성취감이란, 어른이 대신해줄 수 없으며 '아이를 만드는 것은 아이 자신' 이라는 것을 느꼈습니다. 아이가 자신을 위해서 연습하고, 또 연습할 수 있도록 교사들이 충분히 기다려주는 시간이 필요합니다.

　　　　　　　　　만 0세반 경상남도청어린이집 전가영 선생님

아이를 만드는 것은 아이 자신입니다. 아이의 발달을 위한 진정한 교육은 아이가 보내는 마음 속 신호를 잘 알아차려야 합니다. 그러므로 마음 속 신호에서 "내가 하고 싶어!", "내가 할 거야!" 라고 하는 아이를 믿고 부모나 교사가 아이의 움직이는 과정을 관찰하면서 위험요소만 없다면 실수

하더라도 절대로 도와주지 말아야 한다는 것입니다. **미리 위험을 예측해서 아이의 의지나 욕구를 일방적으로 금지시키거나, 혼을 내는 경우 아이의 의지는 영원히 숨어버리게 될 수도 있습니다.** 현명한 어른은 이러한 아이의 시도를 통해 실수를 하더라도 그 실수에 대한 틀림의 정정을 안정적으로 할 수 있도록 공감하는 부모나 교사를 만났을 때 아이의 발달에는 청신호가 옵니다.

혼자 걸을 수 있게 될 때까지 충분히 배밀이, 네발기기, 잡고 서기 등을 통해 걷기 전 단계 움직임을 충분히 해야만 합니다. 운다고 바로 안아 버리는 부모나 교사를 만나면 그 아이는 계속 울음언어를 멈추지 않을 것입니다. 시끄러워서 또는 우는소리가 듣기 싫어서 안아줘버리게 되면 그 아이는 발달이 지연되거나 지체될 수 있는 확률이 높아집니다. 그뿐만 아니라 아이는 정상적인 발달을 방해받게 되고, 부모나 교사는 노동을 끊임없이 해야 하는 힘든 육아 또는 보육이 될 수밖에 없게 됩니다. 즉 **"아이를 움직이게 하면 발달하고, 어른이 움직여서 다 해주면 노동만 하게 됩니다."**

아이는 반드시 자기 힘으로 걷고 싶어합니다.

혼자 밥을 먹을 수 있게 하려면 흘리는 것을 인정해주고, 흘려도 된다는 것("흘렸네. 괜찮아!")을 상호작용 해주고, 흘린 것("흘린 것을 정리할게요")에 대해 상호작용 한 후 정리하는 방법을 보여주는 부모나 교사의 모델링이 중요합니다.

혼자 옷을 입고 신발을 신을 수 있는 아이는 "내가 할 거야"라고 몸짓언어를 할 때 "혼자 할 수 있구나" 또는 "잘 안되는 부분만 도와줄게"라고 상호작용한 후 아이의 리듬에 맞추어 도와주어야 합니다. 왜냐하면 **모든 발달이 무한한 연습을 통해서 강화되고, 모든 습득 또한 반복된 연습에 의해 더욱 강화되기 때문입니다.**

몬테소리 의학박사는 아이가 성장하기 위한 잠재력의 3요소로 '인간의 경향', '흡수정신', '민감기' 등을 대표적으로 소개하고 있습니다. 경향은 목표를 향해서 가려는 힘 즉 잠재력과 가능성을 말합니다. 흡수정신은 환경으로부터 사물을 받아들이는 아이의 정신이며, 민감기는 특별히 민감하게 받아들이는 시기로 일정한 시기, 제한된 시기에만 나타난다고 말합니다.

2. 아이가 보내는 마음속 신호 "혼자서도 잘해요!"

> **만 0세반 어린이집에서의 사례2)**
>
> 보육실 내에 물 마실 수 있는 공간(식수대)을 만들고, 언제든 자유롭게 물을 마실 수 있도록 환경을 준비했습니다. 아래턱으로 입을 받치고 위, 아래로 움직이는 방법을 몰라 물을 정말 많이 흘렸던 아이들… 하지만 '흘려도 괜찮아!' 옷이 젖고, 바닥에 물을 흘리는 것보다 혀와 입술 근육을 사용하고, 움직임을 체득할 수 있도록 지원하는 것이 더 중요했기 때문입니다. 어느 날 한 어머님께서 "**이가 이제는 집에서도 빨대 컵을 사용하지 않으려고 해요. 컵 사용에 흥미를 보이고 있답니다" 라고 이야기 해주셨습니다. 환경에 대한 배려를 통해 아이들이 성장한다는 것을 느낄 수 있는 순간이었습니다.
>
> 만 0세반 경상남도청어린이집 전가영 선생님

우리 아이가 보내는 다양한 신호!! "삐죽인다", "눈물을 글썽인다", "칭얼거린다", "밀어낸다", "던진다", "깨문다", "꼬집는다", "찬다", "바닥에 누워버린다" 등등… 이러한 신호가 나타내는 마음 속 우아한 외침의 현상들을 알고 계시나요? "배가 고파서 우는데 공갈젖꼭지는 싫어요. 엄마의 부

드러운 피부가 닿는 젖을 먹고 싶어요", "나의 가짜울음에 즉각 습관적으로 공갈 젖꼭지를 엄마가 물려주니까 배가 고파도 울 수가 없어요", "밤에 잘 자면서 울거나 보챌 때 젖병보다 엄마의 따뜻한 스킨십인 토닥임이 좋아요", "달콤한 간식은 저를 흥분시켜요. 무분별한 간식은 밥을 거부하게 돼요", "간식을 밥 대용으로 하고 싶지 않거든요", "잘 먹지 않는다고 쫓아다니며 먹여주지 마세요. 엄마가 먹여주니까 심심해서 돌아다니잖아요", "잠자기 전에는 음료나 물을 주지마세요 자는 동안 실수하면서 성적 쾌감을 얻고 그 쾌감이 강화되어 실수가 되니 이제는 습관이 된다구요", "싫어하는 음식도 맛보게 해주세요", "조금 젖은 건 참을 수 있어요. 자꾸 새옷으로 갈아입히지 말아주세요. 전 참을 수 있다니까요?", "놀이 중인데 정리하라고 하지 마세요. 놀이의 끝을 내가 정할 거에요. 제발 집중하는데 방해가 되니까 싫어요", "울면서 안아달라고 하면 금세 안아주지 마세요. 울음에 반응해주는 것이 습관 되면 말을 안 하잖아요", "걷지 않고 안아달라고 해도 안아주지 마세요. 혼자서도 잘해요" 등 이러한 아이들의 내면의 소리를 알고 계셨나요? 마음속의 외침을 이제 알아차렸다면 정말 다행스러운 일이 아닐 수 없습니다. 왜냐하면 이러한 마음속 외침을 알아차린 부모님을 만난 아이들은 문제행동을 찾아볼 수 없기 때문입니다.

　한 살 즈음 서투른 외마디 말로 조금씩 자신의 의사를 전하게 될 무렵 스스로 하고 싶은 욕구가 시작됩니다. 잘 하지도 못하면서 "내가 할 거야!"라고 주장하며 열심히 하려고 하는 경향성을 보입니다. 어른이 볼 때는 고집스럽게 보여지기도 합니다. 그러나 이때 어른은 안전만을 고려하여 '넘어질까 봐', '엎지를까 봐', '쏟을까봐', '힘들까 봐', '기다리기 힘들어서' 등 어른들의 기준에서 아이들을 아무것도 할 수 없는 존재라고 생각하는 그 순간 무조건 다 해줘 버리는 경우 아이에게서 이런 모습은 사라지기 시

작합니다. 그러므로 어른이 볼 때 실수가 될 것처럼 보이더라도 아이에게 깊은 존경심과 믿음을 갖고 '스스로 하려고' 노력하려는 과정을 지켜봐 주시는 것이 아주 중요합니다. 아이는 이때 지금까지 어른들이 하는 모습을 보아 온 경험을 떠올리면서 아이는 손끝을 움직여 '이렇게 했던가', '저렇게 했던가'를 생각하면서 열심히 손을 움직이기 시작합니다. 이 모습은 인간으로서 독립하고자 내딛는 최초의 걸음마 단계와 비교할 수 있습니다.

걸음마 단계일 때 아이들이 다양한 체험을 제공해주지 않거나, 교사나 주양육자가 바쁘다는 이유로 생활습관 즉 옷과 신발 등에 있는 단추, 지퍼, 찍찍이 등을 모두 채워주거나 빼주고, 신겨주거나 벗겨주는 등 아이 스스로 할 수 있는 기회를 제공하지 않았다면 독립적으로 성장하는데 걸림돌이 될 수 있음을 시사하고 있습니다.

또한 아침이 되어도 체온이 올라가지 않아 아침 이른 등원시간부터 선하품을 하는 저체온 아이 또는 부모 품에 안겨서 들어와 잠에서 깨어나지 못하고 계속 잠만 자는 아이도 늘어나는 등 점점 아이 신체 이상이 사회적인 문제가 되기도 하고, 일반적으로 신장과 체중 등 체격은 좋아졌지만 기본적인 운동 능력의 저하나 반사 신경과 자율신경계(自律神經系)의 문제가 의심되기도 했습니다.

그리고 어렸을 때 마음 속 신호를 잘 알아차리지 못한 경우 성장하는 과정 중에 가만히 있지 못하고 돌아다니는 아이, 스마트폰 과의존으로 사시가 된 아이, 주변 정리가 잘 안 되는 아이, 느려서 적응을 잘 못하는 아이, 충동적이고 다른 사람의 이야기를 귀 기울여 듣지 않는 아이, 단정하지 못한 아이, 자신의 마음을 말로 제대로 표현하지 못하는 아이, 친구들을 잘 사귀지 못하는 아이, 쉽게 화를 내거나 분노를 조절하지 못하는 행동적인 측면이나 사회성 발달의 붕괴나 비뚤어짐으로 나타나 신경이 쓰여 키우기 힘든 아이로 거론되기도 합니다. 이러한 원인이나 요인은, 아직 해명되거나 검증된 것도 아니고 결코 단순히 한 가지 원인으로만 설명할 수 있는 것도 아닙니다만, 사회·교육학적 시점에서 육아 환경의 변화를 들 수 있습니다. 아이들의 생활 놀이 등을 볼 때 여기에서 문제의 원인이나 주요 요인을 찾아보기도 합니다.

어떤 것이 정답인지 한마디로는 말할 수는 없지만, 하나의 원인만을 들어 결론을 내는 것은 엄격히 지양해야 합니다. 그렇지만 풍부한 바깥놀이 환경이 주어졌던 시기에는 발달 기능이 최대한 촉진되어 자연치료가 가능했습니다. 그러나 **현재 신경이 쓰이고 키우기 힘든 아이들이 늘어난 배경에는 부모가 바쁜 나머지 일상생활부터 조작하는 과정을 보여주는 것을 생략하고 마지막에 보여 지는 결과에서 만족감을 느끼게 한 부분이 가장 큰 이유가 될 수 있다고 생각합니다.**

만약, 먹는 것에 대한 아이의 문제가 부모 문제가 될 때 부모는 이 문제에 매달리게 되고 아이에게 올바른 지도를 할 수가 없게 됩니다. 가령 밥을 잘 먹지 않아서 억지로 먹게 하려고 TV나 스마트폰을 보게 하거나 '밥을 먹고 나면 ~을 하게 해줄게' 라고 회유하는 등 조건부로 부적절한 방법을 상호작용하는 것에 길들여지면 아이는 자기도 모르게 자연스럽게 비정상적인 발달로 흡수됩니다.

부모는 다른 사람들이 아이들에 대한 이야기를 할 때는 관심을 잘 갖는 편입니다만, 내 아이에 대한 어려움이나 발달지연 등에 대한 이야기는 부모가 스스로 직면하기 어렵거나 시간이 많이 소요되기도 하고, 애초부터 방어를 하거나 회피하는 경우도 많습니다.

　의사소통이 어려운 아이의 경우 어린이집에서 '언어발달검사를 받아보는 것이 좋을 것 같다'고 제안을 했지만 '친가 또는 외가 쪽이 늦돼서 말문이 늦게 트였데요'라고 말하고 검사를 받지 않으려는 경우도 있었습니다. 적기를 놓친 후에 후회하시는 부모님들을 여러분 만나기도 했었습니다. 스스로 자책한 후 해결방안을 모색하고 발달지원을 했을 때는 생각보다 훨씬 많은 시간과 노력이 필요했습니다.

　아이의 문제를 부모의 문제로 인식하며 '조금 더 아이가 자라면 괜찮을 거야' 라고 스스로에게 위로할지도 모릅니다만, 작은 문제라고 생각하고 지금 당장 회피할 경우 나중에는 눈덩이처럼 거대해진 문제에 압도되거나 뒤늦게 후회할 수 있습니다.

　아이들은 작은 것에서부터 '항상 같은 자리에 있다' 라고 하는 '질서감'에 곤란점이 생기면 아이는 움직이지 못하게 됩니다. 이처럼 질서감이라는 감수성을 생각하면서 '정리하는 습관 만들기' 즉 같은 장소, 같은 순서, 같은 방향, 같은 절차 등으로 정해두고 환경을 조성해주면 아이는 심리적으로 안정감을 느낍니다. 그러므로 내 아이의 행동 발달이 또래보다 늦거나 다른 부분에 대해 예사롭게 지나치지 마시고 아이들이 전해주는 객관적인 이야기 즉 아이가 보내는 특별한 신호 즉 마음속의 외침에 귀 기울여 주시기 바랍니다. 직면할 수 있는 용기를 낼 때 내 아이를 위한 특별한 지원을 시작할 수 있습니다. "지금이 적기일 수 있습니다"

2
몬테소리 베이비 마인드

　몬테소리 베이비 마인드는 인간의 경향성, 민감기, 흡수정신 등을 말합니다.
　5가지의 경향성(탐험, 관찰, 방향잡기, 자기조절능력, 의사소통 등)과 지식의 드레스 룸이자 내 아이의 운명을 결정짓는 가장 중요한 민감기, 환경으로부터 모든 사물을 있는 그대로 받아들이는 흡수정신 등이 대표적인 어린이 정신입니다.

제1장 아이의 경향성

경향성은 아이가 어떤 지점까지 갈 수 있다는 가능성을 의미합니다. 욕구가 채워지지 않은 것은 목표에 도달할 때까지 계속 노력해 나갑니다. 배가 고파서 울고 있는 아이는 우유를 줄때까지 웁니다. 즉 우는 것이 노력해 가는 과정입니다. 욕구와 경향은 생존을 위해 강하게 연결되어 있으며 욕구에 따라 경향은  발전되어 갑니다. 반복하는 이유도 발전하는 과정 속에 있기 때문입니다. 욕구와 경향은 자연적인 현상으로 욕구가 채워지지 않으면 경향도 생기지 않습니다. 경향은 욕구를 만족시키기 위한 하나의 요소입니다.

예를 들어, 소심하고 적응력이 약한 아이는 놀이를 할 때 일반적으로 선택이 어려운 경우가 많습니다. 주로 이런 경우의 아이들은 내가 요구하지 않았는데도 알아서 다 해주는 어른을 만났을 때 최악의 상황으로 치닫게 됩니다. 그러므로 아이의 눈이 자기가 하고 싶은 놀이에 닿고 손을 뻗어서 그 놀잇감이나 교구를 선택하는 순간, 과정에 대한 칭찬을 많이 해주어야 할 필요성이 있습니다. 이때 주의할 점은 "잘했다"라는 칭찬만으로 더 이상 반복을 일으키지 못한다면 오히려 그 결과론적인 칭찬이 발달의 저해요소가 될 수도 있습니다. 그러므로 인간은 5가지 경향 즉, 탐험, 관찰, 방향잡기, 완전(자기조절능력), 의사소통(언어)등을 정확하게 알고 아이가 욕구에 따라 경향성이 발전되어 갈 수 있도록 도와주어야 합니다.

1. 아이의 탐험

탐험에는 2가지 양면성이 있습니다. 하나는 인간의 욕구를 만족시키기 위한 것으로 탐험이 쓰이기도 합니다만, 또 하나는 인간의 욕구를 통하여 환경을 인식하는 것으로 탐험을 합니다. 이 양면성은 다음을 향한 방향제시를 합니다. 어려움이 따르고 두려움이 있어도 아이가 경험하게 함으로써 그 다음 발달을 향한 문제해결능력이 생기게 됩니다.

2. 아이의 관찰

눈으로 보는 것 외에 심리적인 것까지 알아내야 합니다. 즉 새로운 사실을 발견해 내는 것을 의미합니다. 파스칼은 "인간의 정신은 수학적이다."라고 했습니다. 정확한 사물에 대한 평가는 지식과 발전을 위한 기초가 됩니다. 인간이 가지고 있는 정확성에 대한 추구는 지식의 성장으로 향하게 됩니다. 이 수학적 정신은 인간에게 지식을 줄 수 있고 계속 지식의 무한대로 향해 가게 됩니다.

3. 아이의 방향잡기

아이는 환경에서 받은 자극에 의해 방향을 잡게 되는데 이미 정해진 환경으로 가려는 경향이 있습니다. 환경이 질서 정연할 때 아이는 더 쉽게 환경을 빠르게 흡수합니다. 이 방향감각은 먼 훗날 수학적 능력으로 재탄생하게 됩니다.

4. 아이의 완전에 대한 추구

아이는 감각적이며 그 감각은 지성과 연결 지어진 기본적인 성향입니다. 완전에 대한 추구는 조절·반복·수정의 과정이 필요합니다. 이때 **실수를 할 수도 있습니다. 이 실수는 잘못이 아니라 완전에 도달하기 위한 필수과정입니다.** 완전은 외적인 것과 내적인 욕구로서 윤리와 연결되며, 완전에 대한 추구는 자기 자신에 대한 조절로 나타나 신체적인 것뿐만 아니라 정신적인 것도 조절합니다. 이 조절 능력은 말, 행동 등의 외적 조절과 내적 조절도 가능해야 완전하게 자유로울 수 있습니다. 아이는 호기심에 대한 내적 동기로 반복과 연습을 통해서 스스로 자아형성을 해 나갑니다.

5. 아이의 의사소통(언어)

인간은 동물과 달리 언어를 가지고 있습니다. 언어는 아이가 어른에게 다가가는 환경입니다. 태내에서부터 언어를 흡수합니다. 태내에서 기억하는 것은 엄마, 아빠의 소리와 자기에게 필요한 것만 기억합니다. 탐험에서의 지식을 전수하는 데에는 언어가 필요합니다. 그 언어를 통해 문명과 문화의 발전이 계속되어져 가는 것이 가능합니다. 그러므로 꼬리에 꼬리를 무는 대화를 하고, 아이의 물음에 즉답을 하는 부모보다는 "왜?"라는 물음을 통해 아이 스스로 생각할 수 있도록 접속사(그래서, 그런데, 그러니까, 그러므로 등)를 넣어 길게 말할 때 아이는 환경과의 관계를 통해 언어를 습득하게 되고 그 언어를 사용하여 사회 속의 존재로서 자리잡게 됩니다.

제2장 민감기(결정적시기)

지식의 드레스룸, 내 아이의 운명을 결정하는 가장 중요한 시기, 뇌과학으로 읽고 해석한 아이의 민감기는 무엇을 받아들이는 아주 특별한 태도와 그것을 받아들이는 일정하고 제한된 시기를 말합니다.

몬테소리는 보이지 않는 정신적인 부분의 민감기를 직감적으로 발견하고, '손은 몸 밖으로 나온 뇌'라고 말합니다. **손은 인간에게 주어진 보물과 같은 기관이라고 말합니다.** 아이가 손을 사용해서 놀잇감이나 물건을 조작하는 행위를 생후 12개월부터 36개월 즈음까지 아주 흥미롭게 진행합니다. 만지고, 잡고, 꺼내고, 넣고, 끼우고 빼는 등의 행위를 즐기는 '손 사용에 대한 민감기'를 맞이하게 된 것입니다. 가장 흔히 볼 수 있는 것으로 티슈를 뽑는다든지, 빨대를 구멍에 끼운다든지 손가락 전체 및 부분을 사용하는 행위를 통해서 아이는 손가락뿐만 아니라 손목과 팔을 능숙하게 사용할 수 있게 됩니다. 이때 뽑아진 티슈를 가지런히 다시 정리하여 티슈박스 안에 넣어주거나 끼워진 빨대의 뚜껑을 열고 다시 꺼내어 처음처럼 다시 세팅해 둡니다. 반복이 가능하도록 물리적 환경을 준비해주면 아이는 무한 반복을 통해 자신감이 형성되어 갑니다. 아이의 손 사용은 지능 발달로 이어지는 중요한 활동입니다. 몬테소리는 아이의 지능은 손을 사용하지 않더라도 어느 수준까지는 발달하지만, 손을 사용하는 활동을 하면 할수록 더욱 높은 수준으로 발달할 수 있다고 말합니다. 튀어나온 뇌인 손을 자유롭게 사용하면 사용할수록 지식의 드레스룸은 풍성해진다고 볼 수 있습니다.

1. 감각의 민감기

아이는 '보고, 듣고, 만지고, 냄새 맡고, 맛보는 것' 등과 같은 감각은 어른보다 훨씬 더 예민하다는 것은 누구나 다 아는 사실입니다. 이들 감각기관들은 외부세계와 관계를 맺는데 있어 중요한 열쇠입니다. 이 열쇠의 창이 세련되게 완성되는 때가 바로 '감각의 민감기'입니다. 특별히 민감하게 발달하는 전이적인 시기, 고도의 감수성을 가지고 받아들이고 수용하는 시기, 집중적인 감각을 활용하는 시기입니다. 휴고디브리스는 눈으로 볼 수 있는 것 즉 방금 태어난 애벌레가 빛에 대해서 민감성을 가지는 부분을 발견하였습니다. 로렌츠는 오리가 알에서 깨어나자마자 엄마오리를 따라가는 것을 보고, 그 종자 특유의 민감기를 가지고 있음을 발견하였습니다. 몬테소리는 보이지 않는 정신적인 부분의 민감기를 직감적으로 발견하였습니다. 이러한 특성은 감각기관 하나하나 잘 사용하여 그 기능을 완성해 나가고 세련되게 만듭니다. 무엇을 아주 특별하게 받아들이는 일정하고 제한된 시기인 민감기는 각 발달단계마다 다르게 나타나며, 우리는 그 특정한 시기를 잘 이해하는 것이 중요합니다.

1) 가정에서의 상호작용

집 주변 나무 아래에 흩어져 있는 유리 조각을 보고 "빛난다"라고 말하면서 두 아이는 후다닥 나무 아래로 뛰어가서 "우와! 보석이다!" 하고 정신없이 유리 조각하나를 주웠습니다. 그것을 아주 소중하게 손바닥에 올리고 돌아온 한 아이는 집안에 들어서자마자 "엄마, 나 진주 속에 보석 주웠어!"라고 소리쳤습니다. 이를 본 엄마는 **"어머나, 정말 예쁘구나!"** 하면서 함께 기뻐해 주었습니다. 또 한 아이도 집에 도착하자마자 "엄마, 나 보석 주웠어!"라고 말하자 **"그게 무슨 보석이야, 유리 조각이 깨진 건데 다치게 그걸 가져오면 어떡해, 어휴, 더러우니까 빨리 버려"**라고 하는 엄마의 소리에 화들짝 놀라 그냥 버릴 수밖에 없었습니다. 분명 이 엄마의 의도는 아이의 안전을 생각해서 하신 말씀이었으나, 이 아이는 자신의 안전을 지켜주기 위한 엄마의 강한 언어인 정보는 다 잊어버리게 되고 굉장히 불편했던 정서만 남게 되는 것입니다. 즉 정서의 기억은 정보의 기억보다 오래 간다는 것을 꼭 기억하시고, 아이들이 소중히 여기는 자그마한 물건조차도 함께 소중히 다루어주시기 바랍니다. **"깨진 유리조각을 ㅇㅇ이가 손에 들고 있어서 엄마는 다칠까봐 걱정돼", "조심스럽게 살펴보자"**라고…

2) 어린이집에서의 상호작용

정수는 돌과 나무 등 자연물을 이용한 다양한 놀이를 즐기는 아이입니다. 어느 날 석영이라는 광물을 찾은 후 "선생님! 보물 찾았어요! 반짝 반짝해요?"라며 돌을 보며 기뻐합니다. 이때 선생님께서는 **"석영도 반짝이지만 석영을 찾아낸 우리 정수는 더 반짝이는 것 같아"**라고 말하자 정수는 어깨가 들썩들썩하면서 머쓱해합니다. 이 아이는 교사의 이 말 한마디에 마음속은 보석보다 더 반짝이는 자신감이 자리잡게 됩니다.

'감각의 민감기'는 환경과 경험의 반복에 따라 다르게 나타납니다. 뛰어난 감성의 소유자로 자라고자 한다면 무엇보다도 외부세계와 연결시켜주는 열쇠인 '감각의 창'을 잘 훈련해 두어야 합니다. 이를 위해 우리 어른들은 아이가 무엇을 보고 감동하거나 궁금한 무엇인가를 발견하여 기뻐할 때 함께 감동하고 기뻐해 주어야 합니다. 이것이 바로 아이가 자신의 능력에 자신감을 갖고 스스로 자신의 감성을 신뢰하며, 하루하루를 감동적으로 조각해나가는 힘을 가질 수 있는 것입니다.

2. 질서의 민감기

최근의 사교육 실태를 보면 어른들은 자신들이 중요하다고 생각하는 것을 이루려고 아이들을 여기저기 끌고 다니느라 민감기에 자연이 준 예민한 감성을 짓밟고 있는 것인지도 모릅니다. 감각의 민감기에 있는 아이는 마음껏 감동하면서 풍부한 감성으로 삶을 살아가는 토대를 만들고 있어서 우리는 아이가 이 소중한 기회를 놓치지 않도록 도와주어야 합니다.

1) 가정에서의 상호작용: 질서는 생활리듬으로부터

시각이 세련되어가는 이 시기의 아이들은 작은 물건에 관심을 갖고 미묘한 차이를 알아차리고 아름다운 것에 감격합니다. 이 시기 특유한 감수성은 어른에게는 이미 사라졌으므로 아이가 감동받고 관심 갖는 것에 어른들이 공감하기란 쉽지 않습니다. 그러나 그렇다고 해서 아이가 "예쁘다!"고 하는 것을 "예쁘지 않아!"라고 말하거나 아이가 보물처럼 소중히 주워온 돌멩이를 하찮은 것으로 여겨 "버려라!"라고 해서는 안 됩니다. 이런 일들이 거듭

되면 아이는 '내가 예쁘다고 생각한 것은 그다지 예쁘지 않은 것인가? 내가 소중하게 여기는 것은 소중하지 않은 것인가?' 하고 자신의 생각이나 느낌에 대해 자신감을 잃게 됩니다. 또한 사물의 본질에 대한 직감력이 부족한 사람이 될 수도 있습니다.

눈에 보이는 편한 자리가 있어 내가 사랑하는 엄마가 평소와 다른 의자에 앉으면 "아니야, 엄마 자리 아니잖아?"(평소에 부정적 정서를 수용하는 언어를 많이 들었던 아이의 경우) 또는 "아니야, 엄마 자리는 여기야!" (평소에 긍정적 정서를 수용하는 언어를 많이 들었던 아이의 경우) 하고 소리치거나, 아빠랑 함께 공원을 가면서 엄마의 손가방을 잠깐이나마 아빠에게 맡기면 울면서 화를 내는 경우라든지, 목욕탕에서 엄마는 언제나 머리 감기기를 가장 먼저 하는데 아빠는 몸부터 씻겼다고 울면서 보채는 등 별일도 아닌데 고집을 부려 어른을 곤란하게 하는 일을 접한 경우가 있을 것입니다.

이런 알 수 없는 트집이나 때로 인해 어른들의 생활 리듬을 깨뜨리게 되면 어른들은 "그런 건 아무려면 어떠니!", "어째서 이렇게 고집불통이니!" 하고 화가 머리끝까지 나기도 합니다. 이런 특이한 트집은 한 살 무렵부터 세 살 때 까지 강하게 나타나는 '질서의 민감기'라는 특별한 감수성에서 비롯됩니다. 항상 있는 장소, 평상시와 같은 방향, 언제나 똑같은 일련의 행동 순서 등 아이는 평소와 다르지 않기를 원합니다. 이는 아이 자신을 둘러싼 환경과 여러 관계성을 인지하고 세상에서 자신의 자리를 알기 위해서입니다. 질서감이 만족되었을 때 아이는 혼란스러워 하지 않고 목적하는 바를 이룰 수 있습니다. 아이에게 질서란 물건이 놓여 있는 장소와 순서, 소유물 등이 공식처럼 정해져 있는 것으로서 눈을 감고도 걸어 다닐 수 있고 필요한 것을 감각적으로 금방 발견할 수 있는 상태를 말합니다. 아이는 자기 주변에 아주 사소한 것까지 알지 못하면 불안해합니다. 아이에게 질서는 집을 세우는 지반과 같고, 동물이 걸어 다닐 수 있는 땅과 같고, 물고기가 헤엄치는 물과 같이 절대적입니다.

어떤 학부모님은 평소 정리해 둔 물건이 항상 제자리에 되돌려져 있는 것을 알게 되었습니다. 몇 번이나 같은 장소에 같은 물건이 놓여 있는 것을 발견한 이 학부모님께서는 문득 깨달았다고 합니다. '와! 이것이 바로 질서의 민감기!' 그래서 마침 아이의 키 높이에 맞는 선반을 만들어 아이가 물건을 선반의 정해진 곳에 반듯하게 놓을 수 있도록 그림스티커로 '표시'를 해 주었습니다. 그러자 아이는 사용한 물건을 정해진 곳의 똑같은 그림스티커에 맞추어 놓는 것을 너무나 즐거워했습니다. 이것이 질서감의 시작입니다. 엄마가 질서감을 알아챘을 때 '정리'를 몸에 익히게 할 절호의 기회라 생각하고 이를 위해서 이 시기 특유의 감수성이 발달하는 과정에 나타나는 '질서감'을 이용하여 '똑같다 똑같다' 라는 감각적 짝맞추기 습관 만들기를 유도한 엄마는 장차 아이를 "정리시간이야" 라고 잔소리하지 않아도 됩니다. 이러한 정리로부터 머릿속 정리 또한 잘 할 수 있게 됩니다.

그러나 이러한 질서 민감기를 엄마가 알아차리지 못한 가운데 아이가 질서에 대한 민감기를 맞게 되면 아이 자신의 내부에서 최고의 장애물(어른의 과잉보호: 무조건 안아주기, 업어주기 등 포함)을 발견하게 되며, 이것을 통해서 아이는 비정상적인 상태를 노출시킵니다. 실제로 많은 아이가 특별한 이유없이 위안을 받을 수 없는 이유로 울고 있습니다. 작은 아이들도 질서에 대해 특징적인 애정을 나타냅니다. 한 살이나 한 살 반의 아이들이 외적 환경에서 질서에 대한 요구를 분명하게 표현하므로 무질서한 상태에서는 생활할 수가 없습니다. **무질서는 아이를 고통스럽게 만들고 고통은 계속적인 불안을 느끼게 합니다.** 그러므로 아이는 질서에 대한 민감기를 통해서 환경과 밀접한 관계를 맺으면서 인격을 형성해 나가므로 먼 훗날 논리적이고 수학적인 두뇌를 형성해 가게 됩니다. 여기서 인지발달의 첫 단추가 잘 꿰어지는 것 또한 먼 훗날 공부하는 집중력과 관계되어집니다.

2) 어린이집에서의 상호작용

아침 등원시 어떤 날은 엄마와 함께 등원하고, 어떤 날은 아빠와 함께 등원하기도 합니다. 그러나 엄마와 아빠가 등원할 때의 상황이나 행동 그리고 언어나 반응이 모두 같지 않아 아이는 혼란스러워 웁니다. 예를 들면, 어떤 아이는 아빠와 올

때 즐겁게 오기도 하고, 어떤 아이는 엄마와 올 때 즐겁게 오기도 합니다. 교사들이 알 수 없는 엄마, 아빠와의 사이에 있는 다른 질서감이 아이를 힘들게 합니다. 그리고 등하원시간이 일정하지 않는 것 또한 아이에게는 정말 고통스러운 순간입니다. 이러한 내용을 이해하신다면 엄마와 아빠가 함께 등·하원할 때는 어떻게 할 것인지, 등·하원은 동일한 시간 언제 할 것인지 등 '늘 같은 자리에', '늘 같은 시간에', '늘 동일한 상호작용으로' 라고 하는 '질서감'에 혼란이 오면 아이는 울거나 떼를 쓰고 움직이지 않으려고 합니다. EQ가 높은 아이로 성장하기를 원하시면 부모나 교사들은 질서감을 확립할 수 있는 환경(물리적 환경과 인적환경)을 만들어주시면 됩니다.

몬테소리 의학박사는 **'질서가 없다면 가구는 있으나 그 가구를 들여놓을 방이 없는 인간의 상태와 같다'** 라고 하였습니다. 질서감이 충족되면 아이의 생활은 안정되며 정신적인 질서도 형성됩니다.

어린이집에도 신발장이나 사물함 등에 사진과 이름으로 정해진 장소를 표시해둡니다. 이처럼 아이는 똑같은 것을 찾는 것이 흥미점입니다("똑같네"). "똑같네" 라는 말은 잘 못하더라도 눈(시각을 통한 탐색)으로 보면서 환경을 탐험하는 경향이 있는 아이에게, 정리하는 시간을 기다리기 힘들다는 이유로 또는 바쁘다는 이유로 아이의 신발을 신발장에 대신 올려주었을 경우에는 질서에 대한 방향잡기는 "내가 안 해도 되는 것이구나" 라는 인식

이 생기면서 멈추어버리게 됩니다. 즉 아이의 인지발달과 운동발달을 방해하는 요소가 되어버리는 것입니다.

시간이 여유로운 날 아이가 눈으로 탐험하고 자기 신발을 정리할 때까지 기다려 볼 생각으로 "정리해보자"라고 상호작용한 후 기다리지만, 이제는 못하는 것이 아니라 하고 싶지 않습니다. 어른의 일관성 없는 행동으로 인해 아이의 혼란이 가중됩니다.

또한 잠자는 장소 또한 정해져 있어야 합니다. 민감기가 소멸되는 그 날까지 정해진 곳에 되돌려 놓으려는 의지와 열정이 한동안 계속된다는 것을 잘 알기에 이렇게 환경이 질서정연하게 되어 있을 때 더 쉽
게 환경을 받아들이고, 윤리적인 방향잡기 또한 질서의 개념과 연결됩니다. 이러한 자기 자신의 가능성에 대한 이해와 극복 없이는 생활의 근본적인 상호작용이 결여될 수밖에 없습니다. 다시 말하면 **생활 전체에서 자기의 발전을 탐구하기 위해 스스로를 지시하고 방향을 잡아가는 존재가 바로 아이입니다.** 질서는 아이가 환경 안에서 적응하기 위한 기초가 되는 것과 더불어 다음 환경의 적응에 대한 방향성을 가지게 합니다.

3. 운동의 민감기

운동은 생의 한 부분이고, 살아있는 동안 운동을 필요로 합니다. 운동이란 **발달을 향한 움직임**이라고 말합니다. 신체와 정신의 발달에 필요한 움직임입니다. 이때 정신이 함께 동반된 근육활동 즉 모든 운동에는 아이 자신의 뜻과 생각이 작용하는 수의운동을 말합니다. 이 운동의 진정한 목적은 자신과 모두를 위해서 움직이는 것입니다. 아이들이 방을 청소하고 식탁을 닦으며 자신을 위해 일상적인 일을 하느라 움직이는 것은 중요합니다. 그러나 그것을 바탕으로 함께 생활하는 다른 사람을 위해 일하는 방법 또한 배워야 합니다. 만약 세상에 존재하는 모든 형태의 삶이 자신만을 위해서가 아니라 전체를 위해서 목적 있는 움직임을 하는 그런 우주적인 비전이 제시된다면, 우리는 아이들의 노력을 더 잘 이해하고 더 좋은 방향으로 이끌 수 있을 것입니다.

1) 가정에서의 상호작용

영준이는 11개월 아기입니다. 요즈음 온 방안을 네발로 활발하게 기어 다닙니다. 그래서 엄마와 아빠는 아기가 더 잘 기어 다닐 수 있도록 큰방뿐만 아니라 활동 반경이 가장 넓은 공간인 거실의 가구를 새롭게 배치하면 어떨까 생각하면서 바로 행동으로 옮겼습니다. 쇼파, 장식장, 화분, 옷장과 책상 등을 재배치하고 아이가 사용할 공간을 넓혔습니다. 그러고는 '이제는 더 자유롭게 기어 다닐 수 있을 거야', "충분히 네발로 기게 되면 걷는 것은 시간문제"라고 생각하며 만족해했습니다. 그런데 그날부터 아기에게 변화가 생겼습니다. 아기는 어제처럼 활발하게 기어 다니기는커녕 시무룩한 채 별로 움직이지도 않았습니다. 부모는 아기가 아픈가 하고 걱정이 되어 이런 저런 방법으로 아이의 먹거리를 신경 쓰고 안아주고 업어 주어도 아기의 상태는 호전되지 않았습니다. 아기를 병원에 데리고 가는 수밖에 없었습니다. 그 때 문득 엄마가 '질서감'을 생각해 냈습니다. '혹시나'하고 부랴부랴 어제와 똑같은 위치에 가구를 재배치했습니다. 그러자 어찌된 일일까요? 물 만난 고기처럼 아기는 다시 활발하게 기어 다니기 시작하였습니다. 자신에게 낯설었던 공간이 낯익은 공간으로 바뀌자 아기는 책상 사이를 빠져 나오기도 하고 쇼파와 장식장 사이의 좁은 곳을 통과하기도 하며 안심하고 기어 다니기 시작하였습니다. 아기는 자신이 기억한 장소가 갑자기 사라져 버렸기 때문에 움직이지 못했던 것입니다. 감각이 예민한 아이들은 바뀐 환경을 빠르게 인식합니다. 안전한 공간인지 아닌지에 대해서 아이 스스로 생각하고 행동하는 시간이 필요한 것입니다.

　이처럼 어른이 '질서감'을 인식하고 알면 별일 아닌 일로 필요 이상의 고생을 하지 않아도 되고 즉 '질서감'을 잘 알고 있으면 이를 유용하게 이용할 수 있습니다. 예를 들어, 수유하는 장소가 지정되어 있고, 그 장소에서만 수유를 하는 것이 질서의 기초가 됩니다. 어른의 무지로 여기저기 옮겨 다니면서 수유를 한 경우 아이들이 점점 성장하면서 산만한 아이가 될 확률이 높습니다. 어릴 때부터 산만함을 나타내는데 어른이 알아차리지 못하는 경우가 많습니다. 젖을 빨거나 우유를 먹을 때 계속 빨지 않고,

빨다가 멈추고 두리번거리고 조금 빨고 다시 두리번거리기를 반복합니다. 이때 어른은 수유하는 장소를 지정하고, 아이가 안정감을 갖도록 한 후 빨기를 집중해서 할 수 있도록 눈을 마주치며 "○○이 아유 잘 먹네", "아유 튼튼해지겠네" 등 간단한 상호작용으로 수유에 집중해 주어야 합니다. 수유하는 장소는 지정되어 있고, 그 장소에서만 수유를 하면서 지속적으로 집중할 수 있는 분위기를 조성해주는 것이 질서의 기초가 됩니다. 여기 저기 옮겨 다니면서 수유를 한 경우 점점 성장하면서 산만한 아이처럼 보이거나, ADHD를 유발할 수도 있습니다. 기저귀 갈이 영역도 마찬가지로 정해진 장소에서만 기저귀를 갈아주는 것이 얼마나 가치로운 일인지 잊어서는 안 됩니다.

　아기 때의 질서감이 평생을 살아가는데 큰 힘이 되고 초석이 됩니다. 성장한 후에 학습능력이 부족하다고 혼내기보다는 아기 때의 질서에 민감한 환경을 제공하지 못한 것에 대해 후회를 해도 소용이 없습니다. 지금부터라도 질서있는 환경의 제공만으로도 즉 어른들의 준비된 환경이 아이들과 함께 행복한 공간으로 자리매김 될 수 있습니다.

2) 어린이집에서의 상호작용

어린이집도 3월이면 긴장되는 순간입니다. 선생님, 교실, 친구도 바뀌고, 모든 환경의 변화가 아이들의 질서감에 혼란을 갖게 합니다. 그래서 신학기가 되기 전 재원생들은 진급할 반에 가서 3월에 바뀔 환경에 대해서 안내를 하기도 하고, 신입생들은 신입원아 적응수업이라는 프로그램을 진행하기도 합니다. 이 모든 것이 질서감을 알아가는 과정으로 아이들과 부모님들을 위한 필수 진행사항입니다.

등원 및 아침 인사나누기, 날짜 들려주기 또는 날짜 읽기, 스티커 붙이기, 가방 및 외투 정리하기 등 운동의 민감기를 활용하여야 합니다. 낯선 공간이라서 선생님이나 부모가 모두 다 해주게 되면 아이는 새로운 교

실에서의 주인이 될 수 없습니다. 그러므로 인사하는 모습을 보여주고 스스로 허리를 숙여 인사할 수 있도록 상호작용(**"차렷! 인사!" / 리듬있는 언어로**)한다든지, 날짜를 찾아 스티커를 붙이는 활동(**"날짜판의 숫자와 같은 숫자 찾아보자"**) 을 통해 눈과 손의 협응력을 향상시킨다든지, 외투의 단추 · 지퍼 · 찍찍이 (**"지퍼를 닫아 볼게요", "옷의 날개를 한쪽 접어볼게요 너도 한번 접어보자" 등**)을 열고 닫은 후 옷을 접거나 갠다든지, 가방 끈을 정리하여 자신의 사물함을 찾아 스스로 정리한다든지 하는 등 짧은 순간에 운동의 민감기 즉 대근육과 소근육을 활용한 활동 등을 아이와 부모가 함께 할 수 있도록 상호작용해 주어야 합니다.

몬테소리 의학박사는 "모든 인간은 그 시대, 그 문화에 적응하도록 설계되어 있다."라고 말합니다. 어른이 아이에게 집착하는 경우만을 제외하고는… 어른도 새로운 환경에 가면 적응하는데 시간이 걸리듯 아이 또한 새로운 환경에 대해서 탐색이 끝나는 순간까지가 긴장의 연속입니다. 그래

서 어떤 아이는 울음으로 표시하기도 하지만, 어떤 아이는 처음에는 울지 않지만, 시간이 흐른 뒤에 익숙하지 않은 환경임을 늦게 알아차리면서 다시 적응하는데 시간이 소요되기도 합니다. 이러한 과정은 어른의 집착으로 심리적인 탯줄이 분리되지 않거나, 걱정인형을 안고 아이에게 근심어린 상호작용만 계속할 경우 아이들은 극복하기 어려울 수 있습니다. 이런 경우 어린이집에 대한 신뢰와 연결을 짓기도 합니다. 그래서 한 달도 다녀보지 않고, 아이가 너무 울어서 어린이집에 보내지 않는 경우가 있습니다. 이런 아이들은 현명한 부모를 만나지 않아서 스스로 자신의 가능성을 믿을 수 없게 됩니다. 그러므로 아이가 적응할 수 있다는 믿음을 가지고 방해만 하지 않는다면 아이들은 모두 극복할 수 있습니다. 결국 적응은 어른의 상호작용에서 결정 될 수 있습니다. 낯선 환경을 울음으로 나타내는 것은 당연함입니다.

4. 언어의 민감기: 천천히 보여주고 강요하지 않는다.

아이는 태어날 때부터 부모로부터 유전적으로 말하기 위한 기능을 전해 받는 것에 불과하지만 점차 기능의 완성과 함께 발달되어갑니다. 이런 과정 속에서 아이는 자신이 놓여 있는 환경 안에서 받아들이고, 듣고, 이해하고, 말을 하  려고 하고, 계속 반복하는 상호작용을 통해 지식을 습득하는 능력을 갖추어가며 3세까지의 그러한 경험이 인격의 기초를 형성합니다. 사물이 있는 위치, 방향, 거리 등을 이해하고 사물의 색과 형태 등을 인지하는 것과 관련이 있는 언어 민감기는 또 어떤 사물을 다른 사물과 구별하거나 연결하려면 각 사물의 공통적인 특징을 추출하는 능력 즉 추상화 능력이 있어야 합니다.

0~3세에는 언어를 구사하기 위한 실제적·기능적인 구조를 형성하는 시기이며, 3~6세에는 0~3세에 이미 형성된 구조를 통해서 언어의 능력이 확산·팽창하는 시기입니다.

1) 가정에서의 상호작용

아이는 생후 3세까지 폭발적으로 언어를 배웁니다. 몬테소리 의학박사는 이 시기의 아이는 음성, 언어, 문법 등을 흡수할 준비가 되어 있다고 말합니다. 태어난 지 얼마 되지 않은 갓난 아기는 다양한 소리 중에서도 엄마의 다정한 목소리 또는 아빠의 중저음의 목소리에 가장 관심을 보입니다. 아이는 인간의 소리에 대해서 민감합니다. 아이는 타고난 능력을 바탕으로 언어적 환경의 영향을 직접적으로 받으면서 배웁니다. 먼저 울음소리로 모든 의사를 표현하는 시기를 지나 점차 말과 비슷한 옹알이 시기가 있고, 이후 의미있는 소리를 내기 시작하듯 다른 사람이 하는 말을 이해하는 시기를 거쳐 스스로 말하는 시기로 발달합니다.

각 민감기에 적합한 환경이 준비되었더라도 그것을 적절하게 사용하지 않으면 의미가 없습니다. 아이가 교구와 놀잇감을 효과적으로 활용하게 하려면 부모의 적절한 대응이 필요합니다. 이때 **"이렇게 해. 저렇게 해. 그러면 안 돼"**와 같이 지시를 내리는 것이 아니라 교구나 놀잇감 등 다루는 법을 보여주어야 합니다. 이것을 '제시' 또는 '교수법 안내'라고 합니다. 아이가 스스로 하고 싶다는 의욕이 생기도록 하는 방법을 보여주는 것입니다. 모범, 모델이 된다고 생각하면 됩니다. 말로 설명하는 것이 아니라 직접 하는 모습을 보여주어야 합니다. 이것은 아이가 할 수 없는 일이 아니라, 하는 방법을 모를 때가 많기 때문입니다.

식사 후 양치를 하도록 정해진 시간이 아닌 놀이 시간에 양치하는 교구를 별도로 쟁반이나 바구니 또는 컵에 준비해서 세팅해두고 제시를 시작합니다. 이때 제시는 한 명에게 하는 것이 원칙입니다. 제시 방법에도 일

정한 방식이 있습니다. 가장 기본적인 방법이 '직접 해서 보여주는 것'인데, 동작의 전체적인 흐름을 요소마다 나눠서 보여주어야 합니다. 예를 들어 양치질 방법을 제시할 때는 먼저 치약의 뚜껑을 열고 한쪽 손에는 칫솔, 다른 손에는 치약을 듭니다. 이어서 치약을 손가락으로 눌러 칫솔 위에 짠 뒤, 치약을 내려놓고 평소 잘 사용하는 손으로 칫솔을 들고 이를 닦습니다. 이처럼 양치질 동작을 개별적으로 나눠서 제시하는 것입니다. 그 중 아이가 흥미를 느낄 만한 동작, 다소 어려워하는 동작은 신경 써서 천천히, **어른이 하는 속도의 약 8배 느리게 제시하는 것이 포인트입니다.** 이때 **"치카치카 양치해요"** 노래(You Tube 활용-)에 맞추어서 즐겁게 양치하는 모습을 보여주면서 흥미를 느끼게 하는 방법도 좋습니다.

마지막으로 "해볼래?" 하고 권유하는 말을 건네는 것도 효과적입니다. 다만 할지 말지 판단을 내리는 것은 아이의 몫이므로 강요할 필요는 없습니다. 아이가 내켜 하지 않으면 "다음에 해보자"라고 말하고 정리하면 됩니다. "해보일 때"는 원칙적으로 말로 설명하지 않는 것이 좋고, 설명하더라도 되도록 짧게 하는 것이 좋습니다. '직접 보여주고, 들려주고, 해 보게 하고, 칭찬하지 않으면 사람은 행동하지 않는다'라는 말이 있는데 몬테소리교육에서의 제시는 이 말을 그대로 실천하는 것이라고 할 수 있습니다.

모델링할 때 유의할 점으로는 다음과 같은 것이 있습니다.

1. 아이가 저절로 따라 하고 싶은 마음이 들도록 보여줍니다.
2. 간단명료하고 정확한 동작을 보여줍니다.
3. 어렵지 않고 자연스럽게 보여줍니다.
4. 천천히 순서에 따르도록 합니다.
5. 말과 동작을 동시에 하지 않도록 합니다.
6. 아이의 자주적 활동과 연결 짓도록 합니다.
7. 아이의 페이스에 맞추도록 합니다.

2) 어린이집에서의 상호작용

영화(가명)가 무엇인가에 집중하며 듣고 있느라 급식 중에 가만히 앉아 있습니다. 경운기 지나가는 소리, 옆 교실에서 들려오는 피아노 소리, 친구가 숟가락을 떨어뜨린 소리, 창밖에서 나는 새 소리 또는 차가 지나가는 소리, 헬리콥터 소리에 가만히 귀를 기울이고 있는 모습이 관찰되었습니다. 사실 이 때문에 식사 속도는 매우 느립니다. 소리에 대해 민감한 영화에게 있어 소중하지 않은 어떤 소리는 없는 것 같습니다.

영화에 대한 이 이야기는 '청각의 민감기'를 이해할 줄 아는 한 선생님의 관찰내용입니다. 또 다른 관찰에서는 4세 무렵의 아이가 친구에게 동그라미와 하트를 여러 개 그린 색종이를 건네줍니다. 이것은 글자는 아니지만 글자에 대한 관심을 표현하는 행동이라고 할 수 있습니다. 이처럼 청각과 시각을 통해 흡수된 음성언어와 함께 문장 언어에 대한 관심이 시작되는 시기에 그에 걸맞은 환경을 마련해서 아이가 계속해서 글자에 관심을 두도록 하는 것이 중요합니다.

만약 '청각의 민감기'에 무지한 선생님이라면 아이의 식사가 더딘 이유를 알지 못해, "영화야, 빨리 먹어야지!" 라던가 "왜 그러고 있니?" 또는 "밥 먹을 때 또 엉뚱한 짓 하고 있네" 라든지 "안 먹는데 치울까?"(격앙된 어조로) 라고 말하였을지도 모릅니다. 그러나 정말 아이의 발달을 잘 아신 보육교사는 "영화야!! 차 지나가는 소리 듣고 있는 거야?" 라든지 "바깥에서 소리가 나니까 집중하느라 식사가 늦어지는 거구나" 라든지 "부~~웅하는 소리가 너무 크게 들렸구나" 라고 마음을 읽어준 후 "우리 영화도 이제 부지런히 먹으면서 어떤 소리가 나는지 들어볼까" 라고 말하면서 주변의 소리에 귀를 기울이고 있는 영화에게 자연스럽게 청각의 예민함을 인정하는 상호작용이야 말로 아이를 행복하게 만드는 지름길이 아닐 수 없습니다.

식사를 하면서 들려오는 소리에 귀를 기울인 영화가 어떤 소리도 다 소중하다고 이해할 수 있었던 것은 그 선생님이 '민감기'를 알고 있었기 때문입니다. 이런 사소한 일을 이해하고 아이의 생활 방식을 소중히 여기는 보육교사가 곁에 있을 때 우리 아이들은 행복해 합니다. 이 같은 대우를 받은 아이는 '**청각이 세련되어졌다**' 라는 것 이상으로 '**자기를 소중하게 여겨 주었다**' 라는 것을 느끼게 되어 자존감이 높은 사람으로 성장할 것입니다.

제3장 흡수정신

환경으로부터 사물을 받아들이는 아이의 정신으로 아주 강렬한 힘을 가지고 있습니다. 이것은 카메라의 필름과 같은 것으로서 환경을 있는 그대로 받아들입니다. 아이는 환경에 있는 모든 것을 고스란히 흡수
하여 그 환경의 언어, 관습 등의 모든 문화까지도 자기의 것으로 내면화시켜 나갑니다. 이때 카메라의 특성에서 볼 수 있듯이 좋은 것만 받아들이는 것이 아니라 좋지 않은 것조차도 모조리 흡수해버립니다. 0~3세 때 정신적인 요소를 거의 형성하고, 3~6세 창조기 시기는 언어(생각하고 표현하는 언어), 운동(움직임), 주의력, 의지력, 집중력, 판단력, 이성, 이해력, 감정적인 부분까지도 모두 만들어가야 합니다. 즉 무의식적으로 흡수해서 그대로 자기의 것으로 만드는 것이 흡수정신입니다.

1. 흡수정신의 특징

- 보존, 존속: 받아들여진 정보들을 있는 그대로의 모습으로 유지시킨다.
- 언어, 문화 연결: 전 세대와 후 세대를 연결시키고 발전시킨다.

- 반복: 노력, 의지, 특수한 지식없이도 이루어진다.
- 고착: 변화할 수 없고 바꿀 수 없다.
- 정확: 수용된 정보들을 정확하게 짧은 시간에 받아들인다.
- 신속: 빠르게 있는 그대로 흡수한다.
- 평가·비평없다: 사물을 도덕적인 평가없이 있는 그대로 받아들인다.
- 자연 흡수: 자연적으로 흡수된 대단히 놀라운 아이의 능력이다.
- 무의식적인 힘: 점차 이성적으로 사고할 수 있는 의식적 정신으로 발달한다.

2. 신체적 태아와 정신적 태아

흡수정신은 일상생활에서 이루어집니다. 교사가 일상생활에서 직접 행동으로 보여주면 아이는 그대로 배웁니다. 또한 나와 함께 생활하고 있는 부모의 행동도 아이들은 그대로 받아들입니다. 어른의 언어와 행동 모두 흡수합니다.

태내 10개월은 신체적 태아기로 신체적 기관은 완전하지만, 신체적 기능은 불완전하므로 만들어가야 합니다. 탄생에서부터 6세까지는 정신적 태아기로 완전한 구조를 가지고 있지만 앞으로 성장·발달되어야 합니다. 정신적 태아는 경향, 민감기, 흡수정신 등의 세 가지 잠재력을 가지고 있지만 인간의 정신이라고 할 만큼 발달하지 않았습니다. 이러한 의미에서 완전하지만 불완전하다고 말합니다.

학부모 개별면담 전 사전 설문지에서 TV 또는 스마트폰 등 미디어에 다수가 의외로 적지 않은 시간이 노출되고 있었습니다. 그러나 부모교육 또는 면담 이후 아이를 위하여 TV를 아예 없애는 가정도 있었습니다. 이러한 선택은 결국 부모님들의 몫입니다. 노출된 시간이 긴 만큼 교사나 부모님의 음성에 귀를 기울이는 것을 기대하기는 어렵습니다. 매체의 영향이 이렇게 엄청나다는 것을 알고 있으나 실천이 힘들다고도 어려움을 토로합니다. TV 또는 식사 중 스마트 폰 노출을 점진적으로 줄여가는 어른의 용기 있는 행동이 필요합니다.

- 공격행동을 본 아이는 공격행동을 놀이 속에서 재현합니다.
- 무관심한 행동을 본 아이는 무관심한 행동을 합니다.
- 생각 없이 행동하므로 안전사고에 노출이 되기 쉽습니다.
- 쓰다듬는 행동을 본 아이는 쓰다듬는 행동을 놀이 속에서 재현합니다.
- 밝은 표정을 본 아이는 항상 밝게 웃으며 생활합니다.

보는 것이 달라지면 행동도 달라집니다. 인생 전체에서 배운 것의 가장 기본이 되는 걷기와 언어는 0~3세에 습득되고 각인됩니다. 0~3세에 배운 것을 기초로 해서 그 이후의 삶이 지배되기 때문에 **'세상이 나에게 들어오는 통로'**인 감각기관을 통해서 아이의 정신을 자극시키고 발달을 도와주어야 합니다.

3. 어린이 정신

아이는 무엇으로 자라는가? 아이는 자기가 믿는 부모의 깊고 따뜻한 사랑으로 자랍니다. 기본 양육(씻기고 먹이고)은 도맡아하지만 걱정과 두려움 때문에 정말 중요한 것을 놓치고 있는 경우가 많습니다. 이때 부모의 마음은, 아이가 세상을 바라보는 거울이 됩니다. 아이는 부모와 교사를 통해 세상만 배우는 게 아니라, 자기 자신에 대해서도 배웁니다. 아이는 자기 자신을 잘 알고 태어나지는 않습니다. 처음부터 자신에 대해 어떻게 생각해야 할지 알고 태어나는 아이는 아무도 없습니다. 부모나 교사가 자기를 어떻게 존중하는지 반복적으로 경험하면서, 스스로를 어떻게 존중하고 소중히 여겨야 하는지도 배우게 됩니다. 아이의 자존감은 여기에서 출발합니다.

"나는 염소인데… 아빠는 용이고, 엄마는 호랑이야! 용은 불을 내뿜고 호랑이는 이빨이 있는데 나는 풀만 먹는 염소니까 나는 계속 도망쳤어요! 말을 듣게 하려고 자기가 키우는 동물을 때리는 것처럼 제가 말을 안 듣는다고 엄마랑 아빠가 저를 때리기도 했어요"

어떤 한 아이는 엄마 아빠는 자기를 싫어한다고 말했습니다. 자기가 신뢰하는 사람으로부터 인정을 받지 못한 결과, 아이는 자존감에 큰 상처를 입은 것입니다.

아이의 흡수정신은 부모의 변화된 모습을 즉시 흡수하여 어떠한 노력도, 특별한 의지도 필요없이 본능에 따라 다시 스스로 받아들이게 됩니다. 그러나 이 흡수정신이 더욱 발달하기 위해서는 부모의 올바른 모델링이 반복적으로 나타나도록 고통이 따를 만큼 노력하지 않으면 안 됩니다.

아이의 마음을 이토록 비참하게 만들겠다고 작정하는 부모는 없을 것입니다. 정신적인 문제가 있는 부모만 아이에게 잊지 못할 상처를 주는 것도 아닙니다. 대개의 부모는 선의를 가지고 있고, 아이를 사랑합니다. 그럼에도 불구하고 많은 부모들이 아이의 마음에 반복적으로 생채기를 내고, 그 중 일부는 깊은 상처가 되어 어른이 되어도 그 상처를 치유하기 어려운 경우도 많습니다. 부모도 물론 어렸을 적엔 연한 마음을 가진 아이였습니다. 세상과 상대하며 정신적인 맷집을 키워왔지만 아이의 속마음을 이해할 만큼의 단단한 심장을 가지기는 하였으나, 아이의 마음을 이해할 만큼 굳어진 심장이 부드럽고 연해져야 합니다. 부모가 다시 아이로 돌아갈 수는 없지만, 아이를 이해하기 위해 부모의 마음은 일정 부분 재생이 필요합니다.

제4장 물리적 환경

1. 기억의 시점에서 보기 쉽게

　신학기에는 교실환경이 바뀌는 경우가 대부분으로, 새롭게 외워서 행동해야 하는 것이 많이 있습니다. 이 환경을 외우면서 행동하는 기억을 '작업기억' 즉 뇌의 '메모장'이라고도 말합니다. 영아기에는 어른으로부터의 상호작용 지시내용을 외워서 순서대로 행동할 수 있는 수는 1~2개 정도라고 말합니다. 발달이 되면 점점 그 순서대로 외워서 행동할 수 있는 수는 늘어난다고 볼 수 있습니다. 어떤 부모나 교사를 만나느냐에 따라 점점 늘어날 수도 있고, 점점 줄어 들 수도 있고, 그대로 일수도 있습니다.
　예를 들면, 아침 등원 후 일반적인 일련의 과정을 보면 15개 정도가 됩니다. ① 현관에서 인사를 한다. ② 신발을 벗는다. ③ 신발을 신발장에 넣는다. ④ 보육실로 이동한다. ⑤ 보육실 앞에서 인사를 한다. ⑥ 달력 앞에 앉는다. ⑦ 가방의 지퍼를 연다. ⑧ 원아수첩을 꺼낸다. ⑨ 오늘의 날짜와 날씨를 읽어본다. 또는 교사의 말하는 언어를 듣는다. ⑩ 듣거나 읽은 날짜와 같은 숫자를 찾아 스티커를 붙인다. ⑪ 바구니에 원아수첩을 정리한다. ⑫ 가방을 사물함에 넣는다. ⑬ 옷을 벗는다. ⑭ 벗은 옷을 가지런히 한 후 지퍼 또는 단추를 잠근 다음 접은 옷을 사물함에 넣는다. ⑮ 양말을 벗어서 양말 보관함에 담고 놀이를 시작한다. 등 이렇게 보면 15개 정도의 자조기술과 관련된 작업기억 놀이가 있습니다. 15개의 순서를 외우는 것이 아이에게 있어서 얼마나 큰일인지 알아차릴 수 있어야 합니다. 하나 외우고 기억해서 스스로 할 수 있으면 다음의 활동을 증가해가는 방법이 필요합니다. 즉 어떻게 하면 좋은지, 여러 가지 시점에서의 지원을 생각해야 합니다.

보육실 환경에 있어서도, 기억의 시점에서 신발장이나 사물함에 자기 자리를 알 수 있도록 참조 좌표를 표시하거나 일련의 과정을 그림순서를 만들어 게시하면 만약 잊어버린 경우 그림을 보고 다시 생각할 수 있는 환경이 준비되어 있으면 안심할 수 있습니다. 또한 상호작용은 되도록이면 간단하게, 구체적으로, 하나씩 안내를 해야 합니다. 2개 이상의 안내를 해야 할 경우에는 아이가 생각할 수 있도록 시각적인 단서를 제시하면 좋습니다. 정중하게 상호작용하는 것은 당연하지만, 보육교사는 아이들이 스스로 생각할 수 있는 물리적인 환경을 준비하여 정리해두는 것이 가장 중요합니다.

2. 안심된 공간

적절한 각성레벨을 유지하기 위해서는, 안심할 수 있고 안정된 환경 만들기가 중요합니다. 주위에서 들어오는 감각정보를 보육교사가 조정하는 방법으로 다음과 같은 실천요소들을 소개하면 다음과 같습니다.

1) 자기 자리를 알기 쉽게 표시한다.

한 사람 한 사람의 앉는 자리에 영아는 자신의 사진과 이름을 유아는 자신의 이름을 붙여두면 스스로 자신의 자리를 알아차리게 됩니다. 이처럼 표시를 통해 참조좌표(사진 또는 이름)로 공간을 확실히 알면 친구와 부딪히지도 않고 불쾌한 감각이 생기지 않기 때문에 안심하고 앉을 수 있습니다.

2) 스스로 생각날 수 있도록 환경을 준비한다.

각성레벨이 너무 높거나 너무 낮을 경우 아이는 자신이 해야 하는 활동의 순서를 잊어버리게 됩니다. 이때 아이에게 다시 생각하게 하는 그림 카드를 개별로 보여주거나 붙여두면 좋습니다.

3) 미리 생각할 수 있는 환경을 준비한다(예상이 가능하도록).

산책할 때 손을 잡는 상대와 걷는 순서를 가리키는 그림을 제시합니다. 앞으로 해야 하는 활동에 대해 예상이 가능하면 안심하게 되거나 과민함도 경감됩니다. 그러나 불안할수록 감각이 과민하게 되는 경우가 많으므로 예상이 가능한 환경을 준비합니다. 예를 들면, 행동의 흐름을 보고 이해할 수 있는 카드를 보면서 정보가 필요한 만큼 정리하고 보육활동을 시작하게 됩니다(정리할 수 있는 그림카드 보여주면서 소개). 전이 활동마다 여러 가지 장면의 그림을 준비하고 필요할 때마다 아이에게 보여줍니다.

4) 커뮤니케이션 부분에서도 과제가 있다.

커뮤니케이션이 잘 전달되지 않아 곤란한 경우 자신의 욕구가 관철되지 않으면 상대에게 공격적인 행동을 하는 경우가 있습니다. 이러한 행동의 배경에는 아이의 의사 전달 면에 과제가 필요로 함을 파악해야 합니다. 이 경우 전달하는 방법이나 도움을 구하는 방법을 구체적으로 소개하고 가르치는 방법을 모색해야 합니다.

3. 놀이와 발달지원

사람은 모두 각자마다의 사고방식을 가지고 있습니다. 예를 들면 컵에 물이 반 정도 담긴 것을 보고 "절반이나 들어있다"라고 긍정적으로 생각하는 경우와 "반 밖에 들어있지 않다"라고 부정적으로 생각하는 경우 등이 있습니다. 이와 같이 매사에 생각하는 사고방식이 크게 차이가 납니다. 실패에 약한 타입의 아이는 흑이나 백 또는 0이나 100이라는 사고방식을 가지고 있어서 실패를 이 세상의 끝처럼 생각해버리고 그 실패를 피하기 위해 활동자체를 하지 못합니다. 이것은 새로운 체험을 모두 불안하다고 생각하면서 큰 스트레스를 느껴서 시도조차 해보지도 않고 "못해요"라고 포기해버림으로 경험의 폭이 넓게 자리 잡지 못하게 되는 이유 중 하나로 볼 수 있습니다.

이것은 구성능력과 사고하는 습관의 시점에서 볼 때 뇌의 실행기능의 하나인 "사고의 유연성"과 관련하고 있습니다. 사고의 유연성이 잘 움직이지 않으면, "실패 = 두 번 다시 도전할 수 없는 것"이라는 사고방식에 집착하여 전환할 수 없게 됩니다. 아이는 매사에 도전하고, 실패하고 배우면서 성장하는 것이기 때문에 실패는 두렵지 않은 것으로 오히려 실패를 경험해 보는 것은 더 중요한 것이라는 사고방식을 전해주는 것부터 놀이 속에서의 발달지원을 전제해야 합니다.

그러므로 구성능력의 시점에서 아이를 관찰해 보면, 힘은 있는데도 왠지 하지 않으려고 합니다. 또는 하나하나의 동작은 할 수 있는데 흐름이 있는 운동이 되면 동작과 동작이 연결이 되지 않고, 몇 번이나 "잘할 수 있어"라고 말을 걸지 않으면 끝까지 할 수 없는 아이도 있습니다. 즉 활동 중에 아이는 스스로의 힘을 가지고 있는데도 불구하고, 실패에 대한 두려움으로 미리 포기해버리고 언제까지나 혼자서 할 수 없는 아이라고 스스로 인상짓게 되어 버립니다. 그러므로 발달지원에 있어서 이 일련의 동작이 연결되지 않는 아이는 구성능력이 약하다는 것을 알아차리고 무한한 가능성을 가진 존재로서 자신감을 심어 줄 수 있도록 환경을 구성해주고, 도와주어야 합니다.

뇌의 사령탑이라고 말하는 뇌 속에는 전두전야라는 부분이 있습니다. 이 곳은 실행기능이라는 역할을 가지고, 그 하나가 구성능력 즉 우선 "무엇을 할까?"라고 생각하고, 그에 의한 동작을 계획하고, 행하는 일련의 흐름을 파악하고 동작의 기회를 돕는 지원이 필요합니다.

예를 들어, "팬티를 입는다"라는 자조기술에서 운동기획을 계획하는 방법은 다음과 같다. ① 앉다. ② 양손으로 팬티의 고무줄을 잡는다 ③ 팔꿈치를 펴서 한 쪽 다리의 무릎을 굽힌다. ④ 팬티를 바르게 잡고 다리가 들어가는 부분에 한쪽 다리를 넣는다. ⑤ 넣은 다리를 편다. ⑥ 같은 동작을 반대쪽 다리도 넣는다. ⑦ 그대로 일어선다. ⑧ 팬티를 올린다. 이와 같이 일정한 순서성을 가지고 행동의 흐름을 기획하고 연결하는 구성능력에 걸림돌이 있으면 쉽게 포기하게 됩니다. 게다가 몸을 협조하고 움직이는 것을 잘 하지 못하면 더욱 더 그럴 수 있습니다 즉, 구성능력 걸림돌로 인하여 몸의 움직임도 부자연스러워 더욱더 힘들게 됩니다. 반면에 순서를 그림으로 표시하고, 운동의 기획을 돕는 동작을 상호작용 하면서 확인해 가는 것이 구성에 도움이 됩니다. 아울러 "위", "앞", "옆"이라고 말하면서 손을 올리거나 펴거나 하도록 하여 자기 동작이 언어로 피드백되어 의식이 높아지게 됩니다.

만약, 발달이 느린 아이는 움직임이 더 어려워 실행기능이 힘들 수 있습니다. 발달장애라는 진단을 받지 않아도 뇌의 제역할로서 실행기능이 자라기 어려운 타입의 아이는 장애의 유무가 아니라 그 아이의 구성능력이나 사고방식의 상태를 잘 파악하고, 연구나 발달지원을 계획하는 것이 더 중요합니다.

제5장 인적환경

1. 3박자(부모, 교실, 교사) 특별한 준비

　새로운 환경과 공간, 새로운 교사와 친구, 새로운 자극(음식 포함) 등에도 불안이 높아지는 아이 즉 변화 자체가 이 아이에게는 불안을 유발합니다. 변화를 받아들일 때 유난히 시간이 오래 걸리는 아이인 경우에는 양파의 겉껍질에 해당되는 부분에만 몰두하게 되면 진짜이유 즉 내면의 이유를 볼 수 없게 됩니다. 이때 부모들은 훈육과 야단치는 것을 구분하지 못하는 경우를 많이 봅니다. 훈육은 생활의 질서와 규칙을 가르치는 것입니다. 그러므로 훈육은 철저하게 교육되어져야 하는 것입니다만, 이러한 훈육을 잘못알고 야단치는 경우를 흔히 보게 됩니다. 그러므로 훈육은 야단을 치는 것이 아니라는 것을 정확하게 구분해야 할 필요가 있습니다. 그러므로 "어린이집 갈 거야? 말 거야?"라는 틀린 질문을 하니까 맞는 대답을 할 수가 없는 것입니다. "오늘은 월요일이라서 어린이집 가야 돼! 토요일은 안가도 돼!(부드러운 어투로)"라고 간단하게 상호작용해야 합니다. 많은 부모들이 하는 실수 중 하나가 끊임없이 선택권을 줍니다. 아이를 이해해주려고 하는 언어들이 불필요한

선택권을 주고 있습니다. "만져야 돼? 안돼? 넌 어떻게 하고 싶어?"라고… 이러한 상호작용은 틀린 질문입니다. 맞는 대답을 할 수가 없습니다. 하지

말아야 할 것에 대해서는 선택권을 주면 안됩니다. 그러면 어떻게 질문해야 할까요?

(단호한 어투)"너 안 가면 안 돼" 가 아니라 "너 다녀와서 놀 거야!", 또는 "뛰지 마" 가 아니라 "여기서부터는 걷는 거야" 또는 "올라가면 안 돼" 가 아니라 "점핑박스 위에서 뛰어보자" 그리고 "미정이 안 불렀는데" 보다는 " 미정이 부르면 선생님 앞에 오세요" 등 단어의 부정적 어감이 아닌 아이의 긍정적 행동을 유도하는 상호작용의 꿀팁 즉 아이의 요구를 들어 줄 수 있는 것만 질문을 해야 합니다. 좌절된 욕구가 많은 아이들은 눈치를 많이 보거나 변화를 두려워합니다.

이처럼 눈치를 보거나, 변화를 두려워하는 아이가 새로운 환경의 적응을 위해 몇 가지 특별한 준비를 하는 것은 낯선 환경에서도 안정적이고 즐겁게 생활할 수 있도록 1. 부모 2. 교실 3. 교사를 중심으로 시작되어야 합니다.

1) 부모의 준비

아이가 부모로부터 분리가 어렵고, 부모도 아이로부터 정신적으로 분리가 되지 않는 사람은 아이를 어린이집에 맡기지 않는 것이 좋습니다. 부모가 아이로부터 떨어질 수 있는 심리적인 분리가 가능할 때 어린이집에 입소를 하도록 해야 합니다. 이때 부모는 어린이집 현관에 도착했을 때 다음과 같은 순서를 생각하시면서 상호작용해 주시고, 교사도 언제나 질서와 순서성을 가지고 부모와 아이를 맞아주셔야 합니다(어린이집 마다 다를 수 있습니다만, 참고용으로 작성해보면 다음과 같습니다).

(1) 부모는 어린이집 현관문에서 아이와 함께 인사합니다.
"안녕하십니까! 행복을 나누는 어린이가 되겠습니다"
- 리듬있는 언어로

(2) 부모가 아이를 선생님에게 인계합니다.

(3) 부모가 선생님과 아이에게 인사합니다.
"다녀오겠습니다" - **리듬있는 언어로** 허리 숙여 인사하는 모습을 보여줍니다.

(4) 선생님은 부모님께 인사합니다.
"다녀오십시오" 라고 정중히 인사하는 모습을 보여줍니다.

💡 TIP 부모는 망설이지 말고 내 아이를 선생님에게 보낸 후 손을 흔든다든지 해서 여운을 남게 하지 말고, 가능하면 빨리 아이의 시야로부터 모습을 보이지 않게 하는 것이 아이에게 빠른 안정감을 찾게 해줍니다. 아이의 하원 시간을 확실히 기억해 정확하게 그 시간에 반기면서 오도록 해야 합니다. 과도한 정신적 부담을 피하는 것이 좋습니다.(첫 날 원아가 원에 머무는 시간은 1시간, 1시간 반, 최초 1주일은 2시간 이상 있게 하면 안 된다.)

2) 교실의 준비

교실을 이용할 면적에 반 정도 혹은 조금 넓은 부분을 (예를 들면 교구장을 사용해) 구분해서 공간을 조금 좁게 준비해둡니다. 이것은 영아의 경우 약 7-9명, 유아는 15-23명의 어린이를 위해 구조화된 활동 공간이므로 신입 원아들에게 있어 지금까지 자신이 지내온 가정의 공간보다 넓게 보이므로 공포를 느낄 수 있습니다. 또한 충분히 자립하지 않은 아이에게는 무질서한 움직임의 기회를 제공하게 됩니다. 이렇게 구분된 장소에는 등원해 오는 원아 수의 의자 또는 선상 위에 자리를 준비해 둡니다.

또 교실에는 교구가 세팅된 교구장을 준비합니다. 하지만, 가장 위 칸에는 발달을 위한 수단으로써 교구는 하나도 올리지 않습니다. 그 곳에는 미니꽃병을 놓거나, 무언가 분위기를 즐겁게 하는 장식물을 두는 것이 좋습니다.

2~3번째 교구장에는 아이가 스스로 안정적이고 자발적으로 놀이가 가능한 발달을 향해 나아가는 활동이 가능한 교구를 준비해둡니다(교사의 도움없이도 가능한 일상적인 교구로 퍼즐류, 블록류, 소꿉류 등).

3) 교사의 준비(인적 환경, 직전의 준비)

첫 날 교사의 당황스러운 느낌은 아이에게 전염되어 신입원아의 상태를 더욱 나쁘게 합니다. 이렇게 신경질적으로 되는 이유는 교사 자신이 이 '신입 원아를 안정시키지 않으면 안 된다'라는 잘못된 생각을 가지고 노력하기 때문입니다. 꼭 기억해야 할 것은 **"아이는 자기 자신이 스스로 안정되어 간다"**라는 것을 잊지 말아야 합니다. 이때 교사의 의무는 아이들이 스스로 안정되어지도록 돕는 역할을 해주어야 합니다. 긍정적인 상호작용과 함께 이해와 사랑을 가지고 존경하는 마음으로 아이를 돕는다면 아이는 스스로 안정되어집니다. 그러므로 무조건 교사가 업어주고 달래어서 그 아이가 안정된다고 생각하시는 교사는 다시 한번 아이의 가능성을 믿고 기다려보시기 바랍니다.

이때 가장 중요한 것은 계획된 활동에 대해서 사전안내 후 행동으로 옮기시고, 움직일 때마다 왜 움직이는지 목적을 알려주시기 바랍니다. 예를 들어 "책상을 옮길게요", "간식시간이에요", "화장실 다녀오겠습니다", "화장실 다녀왔습니다" 등 사소한 움직임 하나하나 아이에게 안내한 후 이동할 경우 아이의 울음은 잦아들게 됩니다. 일련의 과정을 매일 동일하게 상호작용하면서 반복하고 있다는 것을 알아차린 그 순간 아이는 빠른 안정감을 찾아가게 됩니다.

2. 운동기억의 특별한 준비

운동기억에는 눈에 띄는 것이 있습니다. 많은 경우 어른이 무언가 말을 하면 아이는 이해하기 어려운 경우도 많지만, 어른의 동작은 아이가 잘 기억하고 그것을 보고 무엇을 요구하는지 이해하는 경우가 많습니다. 처음에 어떤 말을 들었을 때 아이는 어른의 특정한 동작을 그 말과 잘 연결합니다. 그리고 어린 아이가 나중에 말과 일치하지 않는 동작을 하면, 어른은 그게 무엇을 뜻하는지 잘 모르는 경우가 많습니다.

운동 기억의 강화를 위해 아이에게 직접적인 도움을 주는 대신, 아이의 이해하지 못한 행동을 본 후 어른이 웃어버리게 되면, 아이는 자그마한 지식에도 자부심을 가지고 진지하게 행동하려고 마음먹었던 것이 곤란해져 버리게 됩니다.

어린 아이가 매일같이 하고 있는 동작을 천천히 침착하게 해보게 하는 것은 아주 간단합니다. 그 결과, 아이는 일찍부터 혼자서 식사를 하고 혼자서 세수를 하고 혼자서 옷을 입게 되어 만족하고 행복한 인간이 됩니다. 아이의 발달에는 아이 자신의 자발적인 운동과 마찬가지로 중요합니다. 아이는 계속 움직이고 있어야 하고 운동을 통해서만 주의 깊게 되고 사고할 수 있게 됩니다. 자기표현의 자유가 아이에게 주어지면 아이는 스스로 우리들에게 이 욕구를 가르쳐줍니다.

아이가 발달하기 위해서는 관찰하거나 귀를 기울여서 듣는 것뿐만 아니라 동시에 운동 즉 움직이게 해야 됩니다. 아이는 자주 특정한 운동을 몇 번이나 반복합니다. 이것은 운동을 조정하고 신체가 올바른 자세를 하기 위해 필요한 연습이 됩니다.

우리들은 아이의 욕구를 이 관점에서 생각하여야 합니다. 아이를 좁은 의자에 앉히려고 하거나 울타리 속에 가두려고 하지 말고 아이 스스로 작은 손발을 움직이는 기회를 충분히 주고, 아이의 가능성을 믿고 기다려주는 것에 대해서 다시 한 번 생각해 보아야 합니다.

신체 운동신경이 발달하는 것에 따라 신체가 정확하고 정밀하게 컨트롤 할 수 있게 되지만 이것은 또 정신과 밀접하게 관련하고 있습니다. 심리적 욕구와 생리적 욕구를 만족시키는 운동신경 계통의 발달을 가능하도록 하기 위해 아이의 생활환경은 아이의 신체 사이즈나 아이의 활동능력에 맞추어서 준비하지 않으면 안 됩니다. 환경이 아이에게 맞지 않는 경우 아이는 활동하지 않는 것이 아니라 잘못된 방향으로 빠져버리게 됩니다. 이럴 때 아이에게 금지언어를 사용하게 되면 아이는 왜 금지를 당하는지 이해할 수 없게 됩니다. 금지언어가 아닌 "이렇게 해보자"라는 목표를 제시해 주는 과정 속에 아이들의 발달은 항해를 하게 됩니다.

1) 반복이 주는 만족감

아이는 일상의 흔한 동작을 목적이 없는 운동처럼 자유롭게 반복하고 있습니다. 어른은 목적 없는 운동을 할 이유가 없다고 생각합니다. 왜냐하면 20번 이상 손을 씻거나 빛나는 테이블을 몇 번이나 닦고 깨끗하게 한다는 목적이 어른에게는 이해할 수 없기 때문입니다. 작업(놀이)을 반복한다고 하는 현상은 적절한 생활 조건아래서 정상적인 모든 아이에게 나타납니다. 연습은 몇 번이나 반복되어 그리고 아무 외적인 이유 없이 갑자기 끝납니다. 아마 아이는 **내적만족(심리적 만족)을 했기 때문에 반복을 멈추게 됩니다**. 외부에 나타나는 활동에는 어른들이 잘 이해 할 수 없는 내적인 동기가 있었던 것입니다. 무언가 목적이 있어서 활동을 시작했던 어린아이는 운동 그 자체의 즐거움을 통해서 환기되고 새롭게 의식을 깨우려고 하는 자발적인 활동만을 위해 그 목적(식탁을 닦아서 깨끗하게 한다는 단순한 목적)을 잊어버리게 됩니다. 그래서 테이블이 깨끗한데도 수십 번이나 닦는 반복적인 놀이가 되었습니다. 아이는 만족함을 느끼게 되면 바로 그 놀이나 활동을 그만두게 됩니다. 이 작업에 필요한 여러 운동을 습득했을 때 또 운동을 연습하는 욕구가 약해졌을 때 그때까진 단순히 활동의 원동력이였던 목적이 의식되어 했던 처음 활동은 합리적인 것으로 바뀌고 차차 어른의 합법적인 활동이 되어져 가는 것입니다.

어린아이의 활동 반복은 어른의 것과 전혀 다른 것을 알 수 있습니다. 아이는 목적을 의식하고 급하게 작업을 하지 않습니다. 아이에 있어서는 외부세계의 일은 결코 도달하지 않으면 안 되는 목적이 아니라 오히려 모든 것이 아이의 인격 형성을 위한 수단이 되는 것입니다. 아이의 모든 생명력은 외적인 완성의 길을 따릅니다. 그러나 **왜 빈번한 작업을 조용히 행복하게 반복하는 아이를 방해하거나 그 행동을 금지하게 하고 또 아이에게 그 의미가 통하지 않는 방법으로 상호작용하는 것일까요?** 아이에게 급하게 목적의식을 가지게 하고 놀이에 쫓기도록 하는 것이 우리들의 임무가 아닌가 하고 착각하는 교사(어른)로 인해 아이들의 발달을 방해하는 가장 큰 이유가 될 수 있습니다.

적절한 환경에서 발달을 방해 받지 않는 아이는 스스로 목적을 의식하고 놀이를 하게 됩니다. 우리들은 이러한 충동을 없앨 수는 없지만 일탈시키는 것은 할 수 있습니다. 그리고 이 충동은 아이를 만나는 우리 교사(어른)들에게는 상당히 중요합니다. 아이의 자발적인 행동이 교사(어른)들에게 있어서 의미가 없다고 해서 비웃으면 안 됩니다. 왜냐하면 그것은 아이의 성장에 중요한 자기표현으로 생각하지 않으면 안 되기 때문입니다. 아이에 의해 준비된 환경에서는 모두가 외적인 목적으로 향하도록 아이에게 자극을 주지 않으면 안 됩니다. 아이는 자극을 받고 흥미가 있어서 놀이를 하고, 또 일단 놀이를 시작하면 반복놀이(연습)를 계속하게 됩니다.

2) 움직임이 주는 만족감

생애 초기 3년간은 매우 빠른 성장과 발달의 특징을 지니고 있습니다. 이 시기는 보통 출생에서 약 2~3세까지의 기간을 말하는 것으로, 신체적 성장이 일생 중에 가장 빠른 시기로 생후 1년 동안은 발달이 매우 빠르고 독립적 보행이 가능해지고 감각과 운동능력의 통합이 이루어지는 시기이므로 급속한 발달의 속도에 영아는 빠르게 적응해야 합니다. 또한, 생애 초기 3년간은 기본적인 행동양식을 학습하는 시기로서, 이 기간 동안 교사나 부모는 아이가 정상적인 발달단계를 거쳐 가도록 도와주는 역할을 담당하고 있습니다. 이는 이후의 모든 발달이 이 시기에 만들어진 토대 위에 이루어진다는 가정을 바탕으로 하고 있기 때문입니다(김행자, 1990).

이를 위해 어린이집에서는 표준보육과정 6개 영역에서는 모든 아이의 전인발달을 위해서 기본습관은 생활 속에서 신체발달은 운동을 통해서 의사표현은 소통 속에서 사회성은 관계 속에서, 예술에 대한 이해는 경험을 통해서 자연에 대한 이해는 탐구하면서 습득하므로, 보육과정 속에서 균형 있고 통합적으로 다루면서 그중 신체운동영역에서는 아이가 자신의 신체를 긍정적으로 인식하고 즐겁게 신체활동에 참여함으로써 생애 초기 3년간에 필요한 기본운동능력을 기르도록 목표를 삼고 있습니다(보건복지부, 2013).

움직임은 근육 속에 있는 말초신경에서부터 몸이 무엇을 하고 있는가를 알려주는 감각의식으로 새로운 세상을 발견합니다(Stinson, 1988).

Maria Montessori 는 아이는 움직이면서 인격을 만든다고 할 만큼 움직임을 강조합니다. 특히, 영아는 배우기 위하여 움직이고 또한 움직일 수 있도록 배우므로 움직이면서 얻는 모든 경험을 신체활동으로 보고, 신체활동은 운동발달에 영향을 주는 것으로 알려져 있습니다(江口孝子, 1993).

몬테소리는 의식의 층을 본능에서 자율의지까지 다음 [그림 1]과 같이 나타냈습니다. 움직일 때의 피드백에 의해 보다 더욱 더 발달하게 된다고 하였습니다. 다른 영역의 발달과 마찬가지로 운동발달은 유전적 요인과 환경적 요인의 상호작용에 의해 발달된다는 의미로 해석됩니다. 일반적인 범위는 성숙에 의해 결정되며, 운동기능의 출현시기는 환경적 요인에 의해 빨라질 수도 있고 늦어질 수도 있습니다. 그러므로 운동기능은 여러 가지 요인들의 상호작용에 의해 결정됩니다(Thelen & Ulrich, 1991).

생애 초기 3년간의 운동발달은 신체조직의 성숙과 감각기능의 발달 등 우선적으로 감각을 통한 구체적인 경험을 통해 모든 지식과 정보를 이해할 수 있는 단계에 이르게 됩니다.

아이는 조금이라도 움직일 힘이 있으면 모든 것을 자신의 감각으로 확인하고 싶어합니다. 바람이 불어도 손으로 만지려고 하고, 눈으로 보면서 색감을 확인하고, 팔을 뻗어 만지면서 감각을 익히고 거리감을 느껴보는 등 자신의 신체와 주변 환경에 대한 지식을 새로운 방식으로 습득하게 된다는 것입니다. 즉, 운동기능의 수준은 지각, 감정, 주의, 동기, 자세, 해부학적 요소 등이 특정상황에서 어떻게 상호작용하느냐에 달려 있습니다. 따라서, 이동운동의 발달은 이들 모든 요인들이 적절하게 성숙되어야 하며 또한 상태와 상황이 적절해야 하는 것입니다.

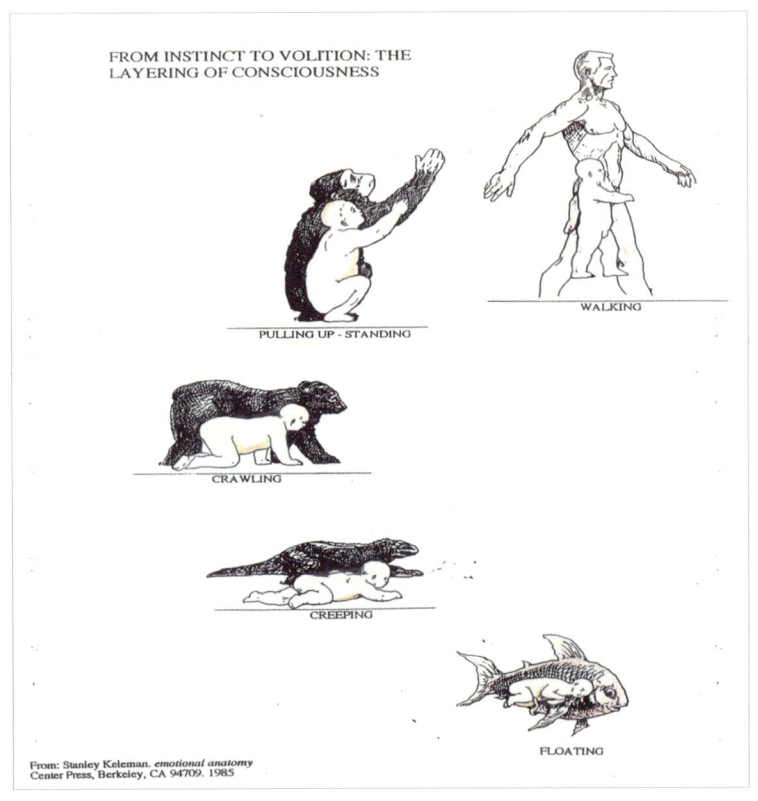

[그림 1] 의식의 층계 - 본능에서 자유의지까지
출처: Stanley Keleman의 감성분석(1985)

근육발달(筋肉發達)에서 처음 1년 동안의 영아는 신체의 수의근(隨意筋; voluntary muscles)이 완전히 조정되지 않아서 낮은 강도의 신체활동에도 피로를 많이 느끼지만 연령이 증가하면 근육을 구성하는 근섬유의 굵기가 굵어지고 근력도 강해짐에 따라 그만큼 회복도 빠른 것으로 연구되고 있습니다(김동규, 이숭훈, 2000; 김정희, 2004).

보행기를 많이 타면 아기의 발가락 부분이 앞으로 쏠립니다. 발가락이 앞으로 쏠리면 까치발이 되기 쉽고, 발뒤꿈치의 아킬레스건은 짧아집니다. 아킬레스건은 특히, 사람의 체중이 가장 많이 실리는 발목 근육입니다. 보행기를 탈 때 다리에 힘이 들어가면 결국 등과 어깨에도 힘이 들어갑니다. 또한, 어깨에도 힘이 들어가면서 팔은 등 쪽으로 뻗쳐져서 장난감을 잡기 위해 앞으로 뻗을 수 없게 됩니다. 연구결과, 보행기를 밀 때 발가락을 사용하기 때문에 보행기를 탄 아기들은 타지 않은 아기들보다 한 달에서 석 달 정도의 발달 차이가 있었습니다. 즉 보행기 사용을 하지 않은 아이는 평균 5개월 때 앉고 8개월 때 기고, 10개월 때 걷기 시작한 반면, 보행기를

탄 아기들은 6개월 때 앉고 9개월 때 기고 12개월 때 걷기 시작해 어른의 편리성을 위해 만들어진 보행기로 인해 다리의 힘보다 엉덩이 힘을 사용하게 되면서 발끝을 땅에 제대로 닿지 않았는데도 보행기가 움직이게 됩니다. 근육의 사용을 정확하게 사용하지 못하는 단점으로 인해 아기의 신체발달에는 오히려 역효과가 일어납니다.

따라서 보행기를 장시간 타는 경우 하체 발달이 느려지고, 공간지각능력이 떨어지므로 자발적인 놀이에서 신체적으로 그 기능을 발휘하는데 제한을 받게 됩니다. 뿐만 아니라, 심각한 경우 안전뿐만 아니라 발달지연을 초래하기도 합니다(김수연, 2015). 따라서, 보행기에 오래 노출된 아이들은 운동적 자극을 거의 받지 못해 발달이 지연될 수밖에 없습니다. 이와 같이 초기의 양육환경이 신체 및 운동발달에 영향을 주게 됩니다.

옛날 우리나라 어른들은 아이를 따뜻하게 키워야 건강하다며 신생아들을 꽁꽁 싸매서 키우는 경향도 있었습니다. 이러한 생활습관이 근육기억에서 지각적 자극이나 운동적 자극을 거의 받지 못해 발달이 부분 지연되기도 합니다. 이처럼 Boorman(1971)은 모든 활동의 기초는 움직임이라는 것을 강조하였습니다.

아이들의 전인교육을 위해 신체를 움직이는 방법, 공간을 사용하는 방법, 다른 사람과의 움직임을 통해 움직임의 내적 힘을 이루어 나가는 방법을 강조하였습니다(구두련, 윤희상, 1995). 이처럼 생애 초기 3년간 신체활동은 자신의 몸을 단순하게 움직이는 것만이 아니라, 환경을 탐색하고, 타인과 관계를 형성하고, 공간, 환경과의 상호작용 속에서 관계성을 인식하는 모든 활동에 기초적인 요인으로 적절한 조건만 갖추어지면 자신의 움직임을 충분히 조절하고 환경을 이해하는데 크게 기여합니다.

영아도 유아처럼 특정신체 부위만 자극하는 운동은 피하고 전체 몸을 이용한 종합적인 운동능력을 개발하는 것이 중요합니다(전인옥, 이현균, 2001). 수의운동(의지에 따른 근육의 움직임이 주는 만족감)을 촉진하는 놀이가 신경 자극을 일으키도록 어린 시기부터 어느 정도의 움직임이 가능한 몸을 만드는 교수법이 필요함을 柳沢秋孝(2005)의 운동놀이 이론에서 뒷받침해 주고 있습니다.

3

감각통합의 이해

　감각은 '뇌를 위한 음식'이라고 말합니다. 이 감각들이 뇌에 전달되어 신체와 정신(마음)을 조절하기 위한 지식을 제공합니다. 그런데 감각이라는 음식이 뇌에 잘 흡수되기 위해서는 분류, 조직화와 같은 소화과정이 필요합니다. 이 과정이 바로 감각통합(sensory intergration)입니다.

제1장 뇌 발달에 중요한 감각정보

1. 감각정보의 교통정리

아기가 배가 고프거나 기저귀가 젖어 축축함을 느끼고 울음을 터트리면, 부모(교사)는 기저귀를 갈아주거나 딸랑이를 흔들며 아기를 잘 돌보려고 합니다. 이처럼 아기의 다양한 감각들에 반응하여 부모(교사)와 상호작용하는 것은 발달의 기초이자 중요한 발달과업이 됩니다. 그러므로 적절한 감각처리를 통한 운동이나 행동반응이 아이들의 정서, 놀이, 문제해결능력 등에 끼치는 영향은 매우 크다고 볼 수 있습니다. 만약, 감각처리에 문제가 있다면 평범한 자극에도 무반응하거나 예민한 반응을 보이고, 학습 또는 일상생활에서 불편함을 느끼게 됩니다. 이러한 감각처리 문제를 해결하기 위해서 발달이 신경 쓰이는 아이들이나 키우기 힘든 아이들에게는 감각통합 놀이가 답이 될 수 있습니다.

여기서 말하는 감각이란 시각이나 청각, 후각, 미각, 촉각 등의 오감과 달리 자각하기 어려운 세 가지 감각을 말합니다. 그 세 가지의 감각(촉각, 전정각, 고유각)에 트러블이 있으면 생활상의 곤란으로 나타나 어른들이 볼 때는 신경이 쓰이는 행동으로 보여지기 쉽습니다.

세 가지 감각 중 촉각은 자각하기 쉬운 오감에 해당되지만 그 나머지 전정각과 고유각(촉각 중의 일부)은 일상생활에서 자각하기 어려운 감각으로 무의식을 자동적으로 사용하기 때문에 육안으로 식별하기 어렵고 안전에 노출되는 여러 문제의 배경이 될 수 있습니다. 이러한 배경을 잘 이해하기 위해서는 생활면에서의 거부반응은 무엇이 있는지, 어떤 상황일 때 촉각에 대한 거부반응을 일으키는지를 면밀히 관찰하는 것부터 시작하지 않으면 안 됩니다.

　인간은 본능적으로 생명을 지키기 위해 사용해 온 원시계 네트워크 때문에 머리, 얼굴, 목, 옆구리 등을 보호하기 위해 본능적으로 반응을 강하게 나타내는 경향이 있습니다. 순간 보호반응이 느릴 경우 치명적인 상처를 입을 수 있습니다. 이때 촉각 보호반응의 대표적인 것으로 이 또는 손톱 등을 들 수 있습니다.

깨무는 아이나 손톱으로 친구의 얼굴을 긁는 행위 등은 공감성의 발달을 저해하는 요인으로 자신의 신체를 보호하기 위해서 투쟁을 선택하고 사용하므로 촉각거부반응을 생활면에서 강하게 나타낸다는 것을 알 수 있습니다.

　아이를 키울 때 당연히 만지거나 접촉하는 얼굴 씻기, 머리 깎기, 이 닦기, 손톱 깎기, 옆구리를 만지면서 안아 주는 것에 대한 거부를 나타내는 것과 긁거나 무는 공격적인 행동은 단순히 아이가 제멋대로이거나 좋거나 싫다고 하는 심리적인 메커니즘이 아니라는 것을 이해하지 않으면 안 됩니다. 이러한 부위는 아이를 키울 때 말없이 만져지거나 접촉하는 곳이지만, 한번 원시계(본능)가 폭주해버리면 이 아이는 부모조차 "불쾌자극을 주는 존재"라고 잘못된 학습으로 인식될 수 있습니다. 이러한 잘못된 학습으로 인해 생리적인 스킨십이 성장하지 않을 뿐 아니라 심리적인 거부반응으로 이어져 버립니다. 이러한 거부반응은 애착관계가 성장하기도 어렵고 차후에 대인관계 또는 사회적 상호작용에도 왜곡되어 버리는 요인이 될 수 있습니다.

　이처럼 양육하는 과정 중 성장하는 우리 아이들을 관찰할 때 가장 먼저, 촉각에 대한 반응을 살핍니다. 그 다음으로 식별계(인식)를 움직여주는 행동이나 가치 등을 체계적으로 도와줍니다.

예를 들면 몬테소리교육 프로그램에 소개되는 일상생활영역 중 하나인 지퍼열고 닫기, 단추 잠그기 등에서 좀처럼 손을 보지 않고 방향성을 찾지 못하는 아이에게는 식별계의 회로를 사용하도록 교수법을 제공하고 자극을 주면서 눈과 손의 협응을 주의 깊게 관찰해야 합니다. 이러한 관계를 매일 매일 반복적으로 연습할 때 조금씩 식별계의 회로가 연결되어, 뇌 속에 흐르는 감각정보의 교통정리가 되면서 공감성 발달을 저해하지 않게 됩니다.

즉 감각의 네트워크를 연결해서 식별계의 발달을 촉진하는 적극적인 교사의 역할이 안전한 보육활동의 지름길이 될 수 있습니다.

2. 무의식, 무자각 3가지

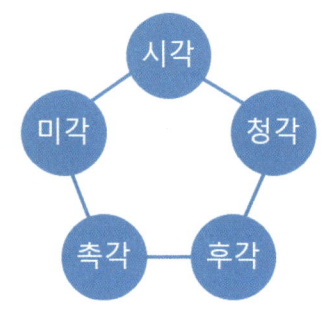

아이는 접촉, 시야, 소리 등 자신의 감각을 이용하여 몸을 인식하고, 움직임을 통한 중력의 당기는 힘에 관한 정보를 얻습니다. 뇌가 이러한 정보를 조직하고 해석하는 과정을 감각통합이라고 합니다. 이러한 정보와 운동 활동을 통합시키는 것을 운동계획하기(motor planning)라고 합니다. 어떤 아이에게는 운동계획하기가 쉽고 자연스럽지만, 학습장애를 가진 아이에게는 어려운 과제일 수 있습니다. 아이가 이러한 문제를 가지면 새로운 기능을 학습할 때, 발달과정, 행동에 문제가 나타날 수 있습니다. 아이는 접촉하고, 움직이고, 보고, 소리를 듣는 것에 소극적이거나 과도하게 반응할 수도 있으며, 서투를 수 있고 부주의하게 보이거나 활동 수준이 부적절할 수도 있습니다.

우리가 일반적으로 알고 있는 오감각 외에 일상생활에서 자각하기 어려운 감각 3가지를 알아야 할 필요가 있습니다. 그 3가지는 촉각(표재감각), 고유각(심부감각), 전정각(평형감각)입니다. 촉각은 자각하기 쉬운 오감각이지만, 그 일부(촉각 중의 일부)는 자각하기 어렵고, 문제의 배경이 될 수 있습니다. 무의식, 무자각에 사용되는 감각을 살펴보면 다음과 같습니다.

첫째, 촉각(표재감각)입니다. 이 촉각은 감촉과 통각, 온도 같은 것을 맛보게 하는 기관으로 스스로 만지는 능동적인 터치(Activity touch)와 그 반대인 누군가가 만져서 느끼는 즉 외부자극에서 느껴지는 수동적인 터치 등 2가지가 해당됩니다. 이 2가지 촉각은 양쪽 모두 뇌의 원시계와 식별계가 활동하고 있습니다.

원시계는 본능적인 역할로, 자신과 접촉한 것이 먹이인지 적인지를 알아차리고 보호행동, 투쟁행동, 받아들이는 행동 등 어느 쪽의 스위치를 넣을 것인지 순간적으로 판단합니다. 원시계가 강하여 자신을 보호하기 위한 거부행동을 방어자세로 취합니다. 이러한 촉각과 관련하여 지나친 저항을 보이기도 합니다. 일시적인 거절이 아니고 항상 싫어하는 것을 관찰할 수 있습니다. 또는 입 주변이나 손 끝을 만지면 물거나 긁는 등 투쟁행동이 관찰되기도 합니다. 또 다른 촉각의 식별계는 원시계와는 차이가 납니다. 이 식별계는 인지적인 능력을 발휘하는 역할로, 만지는 물건에 주위를 향할 때 움직이는 행동이므로 손으로 조물조물 만졌을 때 물건의 크기, 모양, 소재를 판단할 때 사용합니다. 만약, 이 식별계가 약한 경우에는 미끈미끈하거나 끈적끈적 한 것을 반사적으로 피하기도 합니다.

둘째, 고유각(심부감각)입니다. 이 고유각은 신체의 움직임, 위치를 자신에게 보고하는 기관으로 근육이나 관절의 움직임을 상세하게 감지하는 감각에 해당됩니다. 고유각이 움직이지 않는 경우 동작이 거칠거나 힘 조절을 할 수 없게 됩니다. 걸어 갈 때에도 크게 걷거나 쿵쿵거리고, 잠깐 물건을 가져 올 때에도 뛰어서 가는 아이로 성격이 아닌 행동에서 힘 조절이 어렵습니다. 그러므로 마음가짐이 나쁜 아이라고 오해받기 쉽습니다. 이러한 아이를 볼 때 고유각의 기능에 걸림돌을 생각해 보아야 합니다.

셋째, 전정각(평형감각)입니다. 이 전정각은 신체의 감각이나 위치 감각을 중추에 전하는 기관으로 일반적으로 말하는 균형(Balance)감각에 해당됩니다. 자세유지(허리나 척추를 바르게 펴고 앉거나 서는 모습)와 눈 동작의 조절(눈맞춤, 눈과 손발의 협응)등에 관여하고 있습니다. 수업 중에 턱을 손으로 받치고 있을 경우 그냥 예의나 태도가 나쁜 것처럼 보일 수도 있습니다. 그러나 전정각의 기능에 걸림돌이 있음을 생각해 보아야 합니다.

3. 감각정보의 통로

감각통합의 도입은 "익숙하게 하기"를 한다든지, "열심히 하도록 안내하기"를 한다든지, "참게 하기"를 하는 것은 아닙니다. 즉 촉각보호반응이 생리적인 반응이라고 하면, 그 반응에 대한 "마음가짐" 등을 심리적면에서 해결하려고 하는 것은 곧 갈증이 날 때 정신수행만으로 고치려고 하는 것과 마찬가지로 볼 수 있습니다. 그러므로 이때 중요한 것은, 식별계의 움직임을 활성화하고 식별계를 움직여서 원시계(본능)의 스위치가 바로 켜지지 않도록 브레이크를 거는 방법이 촉각보호반응에 대한 도입의 대원칙입니다.

예를 들면, 이 닦기를 싫어하는 아이의 경우, 칫솔을 들고 있는 아이의 손에 교사가 함께 잡아서 칫솔을 어떻게 사용하는지 움직이게 해봅니다. 그러면, 아이는 손을 집중해가면서 식별계의 스위치를 작동하는 동안 감각의 문이 열려서 칫솔의 촉각에 대한 고통이 약간 없어집니다.

식별계를 움직이는 도입은, 단순히 고통을 부드럽게 하는 것에 멈추지 않고, 감각의 네트워크 즉 회로를 연결한 후 식별계의 발달을 촉진할 수 있도록 도와주는 적극적인 교사의 상호작용으로부터 시작해야 합니다.

예를 들면, 스티커 붙이기, 지퍼 열고 닫기, 단추 열고 닫기 등을 할 때 주의력이 없는 경우 식별계의 회로가 움직이도록 눈으로 보기를 원하는 장소(예: "스티커 껍질을 떼보자", 스티커를 원 안에 붙여보자, "단추와 단춧구멍을 보세요", "단춧구멍에 단추를 넣어보자", "지퍼 손잡이를 잡아보자", "지퍼 손잡이를 잡고 위로 올려보자" 또는 "내려보자" 등)를 만지고 자극을 주는 것으로 아이의 주의력이 향할 수 있도록 상호작용해야 합니다. 이러한 관계를 매일매일 반복하고 실행하는 것으로 조금씩 식별계의 회로가 연결되어 뇌 속에 흐르는 감각정보의 교통정리가 되어가는 통로로 기대할 수 있습니다.

이해를 돕기 위해 보호반응은 버스에서 넘어질 때 본능적으로 팔을 앞으로 뻗는다든지 본능적으로 넘어지지 않으려고 버티는 것이 평형반응을 하는 과정임을 생각하고 보시면 도움이 됩니다.

스스로 자기 보호반응이 충분히 일어난 후 스스로 평형반응이 일어나는 것이므로 단계별로 더 발달되어 간다고 보시면 됩니다. 이때 자기 보호반응을 일으키는 아이가 원하는 방향으로 가지 못하도록 옷을 잡아당기거나 팔을 잡아당기는 것은 금물입니다. "위험해", "이쪽으로 지나가자" 등 안전한 곳을 안내 한 후 아이의 손을 잡고 안전지대로 이동하도록 도와주는 것이 중요합니다.

4. 감각통합의 걸림돌

 만약에 강연을 녹음 중 일 때는 강사의 목소리도 외부의 소리, 차가 달려가는 소리 등도 모두 녹음되어 있기 때문에, 이때 차가 달리는 소리만 포착하면, 지나가는 차의 대수를 알 수 있을지도 모릅니다. 또한 이야기를 몇 사람이 했는지도 알지 모릅니다. 그러나 녹음된 내용을 다른 한쪽에서 들을 때는 강사의 이야기를 실제로 듣고 있을 때보다는 듣기가 어렵다는 것을 알 수 있습니다. 이처럼 사람의 뇌 속에서는 감각정보의 교통정리에 의하여, 필요한 정보인 강사의 목소리만 청신호를 켜기 때문에 주의 집중, 지속성이 보장되는 것입니다. 이것은 바로 적응력이 발휘된 상태라고 말할 수 있습니다. **적응능력에 걸림돌이 있으면 감각통합의 힘이 잘 움직이지 않아서 교통정리가 잘 되지 않고 길이 정체하고 사고가 일어날 수도 있습니다. 그리고 이 뇌 속에서의 사고나 트러블이, "적응능력의 걸림돌"로서 나타나는 것입니다.**

 모든 인간은 그 때, 그 장소, 그 상황에 맞추어 성장하는 힘을 가지고 태어납니다. 즉 모든 인간은 적응능력을 가지고 있습니다. 감각통합의 걸림돌로 자주 연결되는 적응능력의 구성요소를 살펴보면 다음과 같습니다.

① 상호작용 기능 - 의도하는 이해력, 자기표현력
② 행동 능력 - 주의력, 문제해결능력 등
③ 학습 기능 - 읽고 쓰기 계산, 사고능력
④ 운동 기능 - 전신운동, 손끝 세밀한 동작

 이때까지 감각통합의 걸림돌이 있는 아이, 발달이 신경 쓰이는 아이, 중간지대 또는 경계선상에 있는 아이, 감각의 사용법이 무너져 있는 아이 등, 여러 말로 표현해 왔지만 이 아이들은 모두 지능의 지체는 없지만, 뇌 기능이 충분하게 활성화되어 있지 않는 아이라고도 말할 수 있습니다. 진단명은 없지만, 곤란을 안고 있으나 그것을 부모는 좀처럼 알아차리지 못하는 경우가 많다는 것입니다. 게다가 교사들은 객관적으로 관찰된 내용을 토대로 부모면담을 하였으나 교사의 주관적인 견해로 오해받는 경우도 있습니다. 그러나 부모와 교사가 함께 신경이 쓰이고 곤란한 아이들을 알아차리고 적기에 발달지원을 한다면 아주 키우기 힘들어 하고 있는 아이들이 정상적인 발달과정을 거치면서 함께 행복한 가정을 만들어 갈 수 있으리라 생각됩니다.

가장 중요한 것은 감각통합의 걸림돌과 연결된 기능들을 구체적으로 이해하고, 환경으로부터 사물을 받아들이는 아주 강렬한 힘 즉 사진기의 필름과 같이 환경을 그대로 받아들여 그 환경의 언어, 관습, 문화까지도 자기의 것으로 내면화시켜 나갈 수 있도록 집중의 극대화를 이끌어내는 긍정적인 상호작용을 위해 노력하는 것이 중요합니다.

제2장 촉각의 역할

촉각에는 크게 원시계(본능적인 움직임)와 식별계(인지적인 움직임)의 2가지 움직임으로 구분됩니다. 본능적인 역할과 관련된 원시계와 능동적으로 주의를 기울이고 만져서 구별하는 것과 관련된 식별계입니다. 촉각이란 피부표면에 존재하는 감각 즉 피부에 닿았을 때의 감각인 "표재감각"이라고 불립니다. 시각이나 청각 등의 감각이 진화하지 못한 원시적인 동식물의 경우 피부감각은 생명줄과 같습니다.

이러한 생명줄과 같은 촉각 센스는 전신피부나 점막에 둘러싸여 통증(통각), 온도(냉각, 온각), 압력(촉압각)등으로 전류를 따라 정보를 받아들이는 감각센스로 역할 분담되어 있습니다.

원래 감각은 생물의 오랜 진화의 과정에서 수중을 움직이기 위해서는 우선 혈압의 조정을 비롯하여 여러 가지 기능이 필요했다고 생각합니다. 그것이 자율신경계(自律神經系)의 움직임이 되었습니다. 그 후, 어류, 파충류, 포유류 등이 육상에 올라가고, 자세유지 기능인 척수계(脊隨系)가 필요하게 되고 최후에 눈을 움직이는 기능인 동안계(動眼系)가 필요한 것으로 추측됩니다.

뇌에서는 파충류의 뇌가 脊髓(척수)와 연결되어 있습니다. 뇌 발달을 보더라도 신생아의 뇌가 진화의 과정을 더듬고 있는 것을 알 수 있습니다. 그러므로 뇌 발달은 민감기를 놓치면 안 됩니다. 이 민감기를 놓치지 않기 위해서는 이 진화해 가는 과정 중 조금씩 발달되어 우리가 사용하고 있는 다양한 감각작용이 생물 역사의 소산이라고 말할 수 있습니다.

운동발달과 진화의 과정은 이러한 시점에서 어류부터 인간의 발달에 이르기 까지 "원시계(본능적)"와 "식별계(인지적)" 등 2가지 역할로 우리가 사용하고 있는 다양한 감각입니다. 이 중 촉각은 특히 이 두 작용 즉 본능적인 것과 인지적인 것과의 차이점이 특징적으로 구분하기 쉽게 나타나는 감각 중 하나입니다.

인간의 진화과정	시기	운동발달 과정
어류(魚類)	태아	누워있기
↓		|
양서류(兩棲類)		|
↓		|
파충류(爬蟲類)	3~5개월	배밀이
↓		|
조류(鳥類)		|
↓		|
포유류(哺乳類)	8~9개월	기기
↓		|
고등포유류(靈長類)	9~12개월	손을 사용하고, 이동하기
↓		|
인간(人間)	12~14개월	직립보행

1. 원시계: 본능적인 역할

원시계란 본능적인 정보를 지배하고 있는 피부감각의 기능을 말합니다. 즉 생물이 태고의 시대부터 본능적으로 사용하고 있었던 기능입니다. 예를 들면, 진화되는 과정상 초기의 생물에는 눈도 귀도 없는데 어떻게 대상물을 감지할 수 있었을까요? **피부에서의 감각정보가 생명을 지키는 것이었습니다.** 구체적으로 예를 들면, 만약 접촉한 물건이 '먹이'라고 하면 스스로 나아가서 "끌어당기는 행동"에 스위치를 작동합니다. 그러나 대상이 '천적'이라면 바로 도망가는 등의 "보호행동" 즉 보호하기 위한 안전 스위치를 작동하게 됩니다. 그리고 먹이를 습격할 때, 반대로 자기가 먹이가 되어 버릴 가능성을 염두에 두고 도망가거나 습격하는 경우에는 "투쟁행동"을 위해 스위치 작동을 하지 않으면 자신을 보호할 수 없게 됩니다.

시각과 후각을 이용하여 먹이를 찾는 물고기와 청각을 사용해 먹이를 찾거나 주변상황을 살피는 박쥐도 있지만, 시각도 청각도 진화하지 않는 원시적인 생물에 있어서는, 신체표면에서의 감각정보를 기초로 앞에 기술했던 본능적인 행동이 조정되고, 고등동물에 진화한 인간에게도 이 "원시계"가 뇌 속에서 이어지고 있습니다. 예를 들면, 신생아가 가진 수의운동(隨意運動)은 빨기, 삼키기, 울기 등 세 가지가 있습니다. 이중 신생아기의 빨기 반사(흡입반사: 입 주위에 접촉하는 것을 빨아 당기는 것으로 큰 노력이 필요하다)를 "원시반사"라고 하고 원시계의 대표격이라고 할 수 있습니다. 신생아가 갓 태어날 때에는 빨고, 삼키고, 우는 것 밖에 할 수 없는 미숙한 상태이지만, 변화가 서서히 일어납니다. 골격과 근육도 성장해 가지만 성숙하기 위해서 신경계의 그룹이 있는 환경 중에서 반복 경험하는 것에 의해 신경계가 결합되어 갑니다. 즉 신경계는 변화가 일어나지 않으면 안 되는 특징을 가지고 있습니다. 신경의 수상돌기와 중추신경 이외의 다른 부분과 결합되면서 신경세포에서 나온 긴 축색이 뻗어갈 때에 미엘린화가 일어납니다.

2. 식별계: 의도적으로 만져서 구별하는 역할

원시계와 달리 고등포유류(靈長類)에 미치기까지 진화의 과정에서 만들어져 왔던 것이 "식별계"라고 불려지는 지적인 정보 처리를 하는 촉각기능입니다. 이것은 예를 들면, 여러 가지 물건이 들어있는 비밀주머니에 손을 넣을 때 눈으로 보지 않고 손으로 만져서 내용물을 꺼내도록 한다든지, 호주머니에 손을 넣어 필요한 동전만 꺼내보게 한다든지, 책과 노트가 가득 들어있는 가방 안에 손을 넣어 작은 지우개만 꺼내게 한다든지, 개찰구를 지날 때에 주머니에 손을 넣어 전철 표만 꺼내는 등 이때 만지는 물건의 소재나 모양, 크기, 위치 등을 "변별"하게 할 때 자기의 몸에 어느 위치에 접촉하고 있는지, 어느 위치에 원하는 내용물이 있는지를 "감지"할 때에 식별계를 사용하게 됩니다.

3. 본능(원시계)을 조절시키는 식별계의 발달

원시반사는 성장과 더불어 보이지 않게 되지만, 그것은 기능 정지가 아니라, 또 하나의 네트워크인 식별계가 움직이기 시작하고, 뇌 속에서 교통정리가 되기 때문입니다. 즉 외부에서의 자극에 대해서 원시계가 움직이지 않도록 브레이크를 걸기 때문입니다.

이 식별계가 성장하는 과정을 보면, 우선 원시반사 즉 반사적 파악이 나타나는 신생아기를 거쳐서 의도적 파악이 시작되는 생후 3개월경에는 손을 관찰하고, 손에 만지는 물건을 보려고 하는 등, "무엇일까"에 대한 지적인 흥미를 보이게 됩니다. 이것이 식별계 반응의 시작입니다.

6개월이 지나갈 즈음에는 손으로 만지는 것을 입속에 넣어서 확인하게 됩니다. 보거나 잡는 것만으로는 만족하지 않고, 입의 감촉도 사용하고 확인하는 것입니다. 단, 이때 입에 넣는다고 해서, 식별계가 발달한다는 서두르는 판단은 금물입니다.

원시계의 "끌어당기는 행동"으로서 본능적으로 입속에 넣게 됩니다. 입에 넣은 것을 꺼내어서 또 보고 확인하는 것은 "무엇일까에 대한 반응"이 있어서 그 때야말로 식별계가 기능하고 있다는 것을 알 수 있습니다.

그 후, 보행이 시작하는 1세가 지나서는, 식별계의 활동이 업그레이드 되고, 1세반 경에는 보이지 않는 물건을 손으로 만져서 확인할 수 있게 됩니다. 사람의 호주머니나 장롱 서랍장에 손을 집어넣는 행동이 늘어나는 것이 이때 즈음입니다. 그리고 3세반 경에는 식별계도 마지막 단계를 맞이하고, 만지는 물건의 크기, 소재, 모양의 차이를 알게 됩니다. 호주머니 속에서 동전만 꺼낼 수 있게 되는 것입니다.

4

신경이 쓰이는 배경 및 발달지원 참고서

 관찰을 통해 진단은 할 수 없지만, 발달의 경계선상에 놓인 아이들의 배경을 알아보고, 그 원인의 시점(사회적 상호작용, 감각과 기억, 시지각과 자세유지, 각성레벨 등)에 따라 신체인식, 신체촉진, 신체자극, 고유각·전정각 등 움직임에 따른 발달지원 놀이 참고서입니다.

진단은 할 수 없지만, 발달이 신경 쓰이는 아이들! 발달의 경계선상에 놓인 아이들! 그 "신경이 쓰이는 모습"의 배경에는 도대체 무엇이 있는 것일까? 한 사람 한 사람을 올바르게 이해하고, 적절하게 대응해 나가기 위해서는 아이가 보여주는 "왜"를 객관적인 관찰을 통해 정확하게 아는 것부터 시작해야 합니다. 관찰을 통해 그 원인을 알면 잘못된 행동을 멈추게 할 수 있습니다. 그 원인을 치유하면 신경이 쓰이는 현상이 사라지게 됩니다.

그렇다면 현재 보육현장에서 어떤 상황, 어떤 경우의 아이들이 신경이 쓰이는지 '영유아 문제행동 조기 발견'이라는 보수교육에 참여한 원장과 보육교사 120여명에게 물어보았습니다.

- 웃지 않는 아이
- 표정이 없는 아이
- 선택이 어려운 아이
- 미디어 증후군 아이
- 폭력성이 많은 아이
- 잘 안기지 않는 아이
- 자위행위가 심한 아이
- 배변 실수가 잦은 아이
- 등 근육이 뻣뻣한 아이
- 무조건 울기만 아는 아이
- 소리를 자주 지르는 아이
- 편식을 심하게 하는 아이
- 무는 행동을 보이는 아이
- 분유를 거의 먹지 않는 아이
- 움직이지 않으려고 하는 아이
- 이유 없이 친구를 때리는 아이

- 또래에 비해 언어가 미숙한 아이
- 음식을 씹지 않고 빨아 먹는 아이
- 계속 손으로 찌르고 괴롭히는 아이
- 무릎으로 네발 기기가 어려운 아이
- 친구를 괴롭히면서 표정은 웃는 아이
- 혼자서 같은 놀이를 되풀이하는 아이
- 생활습관이 좀처럼 정착되지 않는 아이
- 사람과의 관계성, 접촉을 거부하는 아이
- 바른 자세로 앉아 있기 힘들어하는 아이
- 단체 활동이나 행사 참석을 거부하는 아이
- 자주 여기 저기 부딪히고 잘 넘어지는 아이
- 또래와의 놀이보다는 교사하고만 노는 아이
- 낮잠시간에 이를 이용하여 벽지를 뜯는 아이
- 무조건 울고 떼쓰면서 기다림이 안되는 아이
- 업히는 것을 싫어하거나 업기도 어려운 아이
- 높은 곳으로 올라가서 계속 뛰어내리는 아이
- 생각대로 되지 않는다고 소동을 일으키는 아이
- 친구가 옆에 오기만 해도 이유 없이 깨무는 아이
- 깊은 잠을 자지 않고, 짜증이나 울음이 잦은 아이
- 교사가 화장실을 갈 때도 따라가겠다고 우는 아이
- 잘못된 행동에 대해 꾸중을 하면 자해를 하는 아이
- 하루 종일 교사에게 안겨서만 있으려고 하는 아이
- 교사의 말에 청개구리처럼 "싫어"라고 말하는 아이
- 자기 신발을 찾아서 무조건 밖으로 나가려고 하는 아이
- 훈육을 하기 위해 다가가면 먼저 울면서 누워버리는 아이
- 표현은 잘하는 편이지만, 아이가 산만하고 공격적인 아이
- 체중으로 인해 실외활동이 힘들어 바닥에 주저앉는 아이

- 등원과 동시에 물건을 넘어뜨리면서 폭력성을 보이는 아이
- 교사가 말을 하면 귀를 막고 고함을 지르고 침을 뱉는 아이
- 장난감을 뺏고 친구들을 괴롭히고, 공격적이고 산만한 아이
- 밖에 나가지 않으려 하고, 항상 실내에서 놀고 싶어 하는 아이
- 종이접기 또는 찢기가 잘 되지 않는다고 기물을 파손하는 아이
- 침착성이 없고, 계속 움직이고, 바로 교실에서 나가버리는 아이
- 모래, 찰흙 등 특정한 감촉을 싫어하고 만지려고 하지 않는 아이
- 자기 뜻대로 되지 않을 때 교구를 모두 던지고 부어버리는 아이
- 자폐가 의심되는 상황에도 부모가 인정하지 않고 방치하는 아이
- 좋아하는 것(공룡이나 전차 등)에는 몰입하지만, 그 외에는 전혀 흥미를 가지지 않는 아이

신경이 쓰이는 아이, 키우기 어려운 아이란? 위 내용처럼 보육활동 속에서 신경이 쓰이는 모습이 보이거나, 왠지 신경이 쓰이는 행동을 하는 아이들을 일컫는 경우입니다. 컨설팅 또는 부모교육을 위해 원을 방문하는 중에도 이러한 아이의 고민을 호소하는 보육교직원들이 최근 늘어나고 있는 추세임을 몸소 실감하고 있습니다. 이 아이들은 반드시 ○○장애라고 하는 진단명이 붙어 있는 것이 아닙니다. 이러한 아이들은 때로는, 장애도 정상도 아닌 중간지대 즉 경계선상에 있는 아이라고 볼 수 있습니다.

교사 대 아동비율에 따라 이 강도의 크기는 다를 수는 있으나, 한 아이로 인해 전체 아이들의 수업에 방해가 되는 경우도 많다는 것이 공통의 인식입니다. 보조교사가 배치된 경우 수업을 방해하는 한 두 명에게 업무가 쏠려 담임교사가 있다하더라도 전체 아이들에게 피해가 가는 상황 등에 대해 어려움을 토로하기도 합니다.

신경이 쓰이는 아이나 키우기 힘든 아이의 상태를 관찰해 볼 때 적응에 걸림돌이 있는지 아니면 정말 장애가 있는지 없는지를 교사가 판별하기는 쉽지 않습니다. 단지, 알 수 있는 것은 영유아발달검사를 통해 '발달 추

적요망' 또는 '정밀조사 필요' 등의 내용에 따라 그 아이가 왜 신경이 쓰이는 행동을 할 수 밖에 없었을까? 라는 견해와 왜 이 아이는 신경이 쓰이는 현상들이 많은데 발달검사에서는 정상일까? 라는 견해 등 대립되는 양상을 보일 때 교사는 혼란스러우면서 깊은 고민에 빠져 더욱 더 마음이 쓰이기도 하고 고민에 빠지기도 합니다.

또 한편으론 부모가 객관적으로 내 아이를 정확하게 관찰하지 않고 영유아발달검사 사전질문지를 체크했을 때 정상으로 나온 검사결과를 보고는 믿을 수 없는 경우도 많았습니다. 이렇게 신경이 쓰이는 아이가 보육현장에 적지 않다는 것이 요즈음 현실이 아닐 수 없습니다.

그래서 보육교사는 의사이고 싶을 때가 있습니다. 욕심이겠지요!… 우리 반 아이, 우리 어린이집 아이들을 안전한 공간에서 건강한 성장발달을 도와주고 훈육하고 안내하는 길라잡이가 되고 싶은 마음이 앞서기 때문입니다. 오죽했으면 의사처럼 내부기관의 변화와 이상 징후를 알아차리고 치료하면서 보육하고 싶을까요? 부모들에게 외형적으로 나타나는 신경이 쓰이는 현상을 안내하면 반신반의하는 경우도 많습니다. 그 이유는 보육교사들의 전문성에 대한 신뢰가 부족하기 때문입니다.

이 과제는 국가가 책임지는 보육을 하는 체계에서 함께 고민하고 연찬하며 해결해야 할 첫 번째 과제라고 생각합니다. 두 번째는 부모가 되기 전 전인적인 발달을 도와주기 위한 예비부모교육 그리고 부모된 자라면 발달의 적기성을 이해하고, 우리 아이의 현주소를 잘 파악할 수 있도록 도와주는 그룹별 맞춤식 부모교육을 의무화해야 하는 것이 두 번째 과제라고 생각합니다. 마지막으로 세 번째는 교사입니다. 전문적인 소양을 갖추고 자격증을 취득한 교사도 있지만, 간혹 그렇지 않은 교사로 인해 전체 교사의 믿음 또한 나락으로 내려가는 것은 보육인의 한 사람으로 너무 슬픈 현실이 아닐 수 없습니다.

정말 아이를 부모보다 더 사랑하고 존중하고 아끼는 교사를 저는 가까이에서 너무 많이 보고 있기 때문입니다. 이때 언론의 역할도 중요한 부분이 아닐 수 없습니다.

그러므로 순종적인 아이, 말을 잘 듣는 아이 뿐만 아니라 기질적으로 까다로운 아이, 예민한 아이 등 다양한 아이들의 발달을 이해할 수 있도록 교사들의 전문역량을 키우기 위해서 감각통합의 힘을 이끌어내는 것부터 시작해보고자 합니다. 교사는 그 아이에 대한 발달을 더 이상 지연시키지 않는다는 사명감과 함께 움직임을 통한 조정능력을 도와주는 것이 첫 단추가 될 수 있지 않을까 생각합니다.

이 시점에 보육교사들은 그 아이의 상태를 잘 관찰한 후 무엇을 어떻게 도와주는 것이 감각통합의 힘을 이끌어내도록 하는지를 보육교사들이 알아차릴 수 있는 전문가용 참고서 역할을 한다면 신경 쓰이는 행동이 없어지거나 줄어들고, 또는 발달지연을 예방할 수 있는 지름길이 아닐까 생각합니다.

감각의 붕괴로 인해 교통정리가 되어 있지 않고 앞으로 나아가야 할 길은 정체되어서 사고가 일어나는 이 뇌 속에서의 변화나 트러블이 "적응력의 걸림돌"로 나타나지 않도록 "그 때, 그 장소, 그 상황에 맞추는 힘"을 기를 수 있도록 마음가짐부터 달라야 합니다.

단도직입적으로, 붕괴된 감각을 도와주는 부모와 교사가 있다면, 이 신경 쓰이는 행동은 부분적으로 소거되거나 없어질 수 있다고 생각됩니다. 그리고 이 신경 쓰이는 현상이 점점 줄어들면 어른의 기준에서 키우기 힘든 아이라고 할지라도 발달에 맞게 성장하면서 아주 건강한 아이로 성장할 수 있다고 믿어 의심치 않습니다.

우리 아이들이 행복한 어른을 보면서 행복한 아이로 성장하기를 간절히 바라는 마음입니다. 힘든 보육현장이지만, 우리 아이들의 미래를 생각하면서 교사들과의 다짐을 해 봅니다. 이 책을 보고 새로운 마음가짐을 가지는 것부터 우리 다시 시작해보면 어떨까요? 이 긍정의 마음으로 아이들의 모습을 살펴보면 어떤 신경이 쓰이는 행동이라 하더라도 도울 수 있는 방법을 모색해 볼 수 있으리라 생각합니다. 가정에서도 부모의 긍정적인 마음가짐과 안정적이고 일관성 있는 양육환경 만들기로부터 함께 시작하면 지금이라도 늦지 않다고 감히 말씀드리고 싶습니다.

신체인식, 신체촉진, 신체자극, 고유각·전정각 시점 등에 따라 사회적 상호작용, 감각과 기억, 시지각과 자세유지, 각성레벨 균형에 대한 움직임 발달지원을 소개합니다.

제1장 신체인식 시점[사회적 상호작용]

1. 지원의 배경

  신체 움직임을 통한 주고받기 놀이는 신체인식으로 부터 사회적 상호작용까지 볼 수 있습니다. 생후 8개월 즈음부터 "사회적 상호작용 발달"이 나타나기 시작하며, 이때 자신의 주위(관심가지고 있는 것)를 어른과 공유하고 싶은 아이로부터 주위사람에게 적극적으로 의사를 전하는 첫 걸음이자 상대방이 반응하도록 적극적으로 몸짓언어를 나타내는 상호작용의 첫 걸음입니다.

  그 후 1세가 되면 가까운 어른과의 주고받기 놀이를 할 수 있게 됩니다. 상대의 움직임을 즐기면서 어른의 반응을 예측, 기대하고, 두근두근(즐거워서 기대되는 두근거림)해서 반복하고 노는 것입니다. 이러한 반복의 주고받기 놀이를 사회적 관계 놀이라고 하고, 이때 아이는 자연스럽게 어른과 시선을 맞추어서 즐거운 마음을 공유하고 공감성을 기르게 됩니다. 전형적인 놀이가 "까꿍놀이" 이지만, 사람에 대한 관심이 희박한 아이는 이 놀이를 하기 어렵고, 공감성도 기르기 어렵습니다.

2. 관찰된 아이의 모습

1) 눈맞춤을 잘 하지 않는 아이

  발달은 순조로우며 이해 언어도 빠르고 곤란한 행동도 없습니다, 그러나 신경이 쓰입니다… 그렇게 느끼는 요인으로서 미묘한 커뮤니케이션의

차이가 있습니다. 이 시기, 그 부분이 강하
게 느껴지는 것은 바로 시선(눈 맞춤)을 사
용하는 방법입니다. 즐거웠을 때, 불안할
때, 요구할 때, 이름이 불려질 때 등 아이는
교사와 시선을 주고받기하면서 확인하고,

안심하고, 기분을 공유합니다. 그러나 그 시선의 주고받기가 자연스럽지
않은 경우라면 불편합니다. 그리고 표정이나 몸짓, 손짓도 중요합니다. 이
언어 이외에 커뮤니케이션(비언어적 상호작용)의 질이 나쁘다고 느끼는 경
우, "신경이 쓰이는 아이"라고 인식되기도 합니다.

2) 손끝사용을 잘하지 못하는 아이

만 1~2세는 손의 조작을 능숙하게 하는 시
기입니다. 예를 들면, 숟가락을 엄지와 네 손가
락으로 잡았던 것이, 엄지, 검지, 중지 세 손가

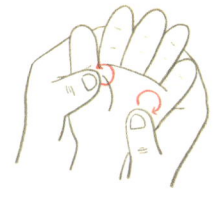

락을 사용해서 잡게 된다든지 손목 조작도 자연스럽게 되는 시기입니다.
이 때, 숟가락이 아닌 손으로 음식을 집어 먹는다든지, 손끝을 사용하는 놀
이에 흥미를 보이지 않는다면 역시 신경이 쓰입니다. 손끝의 동작성을 향
상하기 위해서는 마사지 등에 의한 긴장을 푸는 것이 효과적입니다.

손끝 사용을 잘하지 못하는 아이의 경우, 손이나 손가락이 딱딱해진 경
우가 많기 때문에, 마사지로 풀어주면 부드러운 동작을 기대할 수 있게 됩
니다. 또, 손이나 손가락을 사용하는 놀이를 많이 준비해주는 것도 중요합
니다. 스스로 즐겁게 노는 것이 아이의 기능발달을 재촉합니다. 매일의 감
각통합을 도와주기 위해서는 스스로 식사를 할 수 있도록 어른이 기다려
주는 것이 필요합니다. 너무 청결과 위생에만 어른이 집중해 있으면 아이
들은 위축되어서 스스로 손끝 동작을 하고 싶지 않게 됩니다. 그러므로 흘
리거나 더러워도 인정해주시고, 기다려주어야 합니다.

3. 보육교사 지원 TIP

삼각관계(교사, 아이, 교구)를 통해 주고받기 능력을 기릅니다. 만약 주고받기 놀이를 하기 어려워하는 경우에는 그 아이가 좋아하는 물건(교구, 장난감 등)을 중간에 놓아두면 좋습니다. 사람과의 관심이 없어 일방통행만 하는 아이인 경우에는 다음과 같은 놀이방법으로 지원합니다.

① 아이가 흥미를 가지고 있는 교구를 중간에 놓습니다. 이것이 삼각관계(교사, 아이, 교구)가 됩니다.
② 아이는 "교구"에 집중하고 있지만, 그 "교구"는 교사가 조작하는 것으로 알고 "교사"를 바라봅니다.
③ "교구"를 소개하고 아이와 교사가 주고받기 놀이를 반복하도록 합니다. 그러므로 사람과의 관심도 생깁니다.
④ 매개체(물건)가 없어도 사람과의 손뼉치기 놀이뿐만 아니라 주고받기 놀이에도 관심을 가지게 됩니다(예: 풍선놀이, 공 굴리기 놀이 등)
※ 리듬이 있는 언어를 반복하는 것이 포인트입니다(예: 흔들고 흔들고 굴리고♪ × 4번)

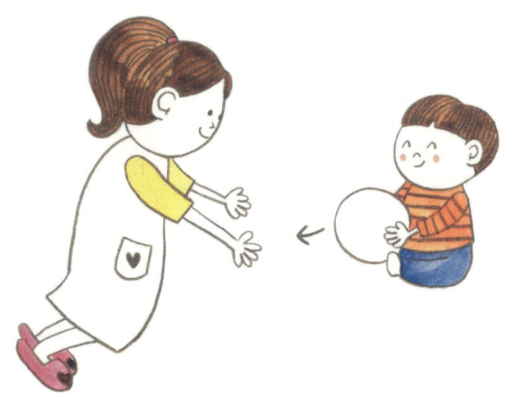

⑤ 신체인식 놀이 종류

[표 1] 신체인식을 쉽게 할 수 있는 운동놀이

NO.	활동명	효과	놀이방법
1	흔들흔들 놀이	• 신체 부위의 연결부분에 의식을 행하는 놀이	① 양팔을 옆으로 쭉 뻗어서 흔든다. ② 양팔을 앞으로 쭉 뻗어서 흔든다. ③ 양팔을 위로 쭉 뻗어서 흔든다. ④ 반복한다.
2	체조 놀이	• 등, 고관절, 무릎, 발목 외 허벅지, 장단지 등에도 감각이 들어가는 놀이 • 자신의 신체위치나 상태에 대한 이해가 되는 놀이	① 주먹을 폈다 오므렸다 반복한다. ② 손목 관절을 돌린다(좌우). ③ 팔꿈치 관절을 돌린다(좌우). ④ 어깨 관절을 돌린다(좌우). ⑤ 고관절을 크게 돌린다(좌우). ⑥ 무릎을 동그랗게 돌린다(좌우). ⑦ 무릎을 잡고 앉았다 일어난다. ⑧ 발목을 동그랗게 돌린다(좌우). ⑨ 목 등 관절을 돌린다(좌우).

3	엘리베이터 제조 놀이	• 자신의 신체를 물리적인 환경을 이용하여 의식하는 놀이	① 등을 벽에 붙인 상태로 천천히 앉는다. ② 엘리베이터처럼 천천히 올라갔다 내려온다. ③ 중간에 멈춰서 공기 의자와 같은 상태로 잠시 멈춘다. ④ 잠시 멈춘채로 열 번을 센다. ⑤ 반복연습한다.
4	훌라후프 통과 놀이	• 자신의 신체윤곽을 의식하는 놀이 • 신체 이미지를 체험하는 놀이	① 2개의 훌라후프를 보육교사 둘이서 잡고, 노래를 부르면서 훌라후프를 상하좌우로 움직인다. ② 노래가 끝나면 움직이는 손을 멈추고, 아이는 훌라후프가 몸에 닿지 않도록 통과한다. ※ 그 외에, 2개의 훌라후프를 여러 각도로 바꾸어서, 사이를 통과하는 훌라후프통과하기 놀이도 좋다.

4. 부모 지원 TIP

　만 1, 2세아는 자아가 싹트는 것과 함께 "싫어", "안 돼" 등 부정어가 많아지고, 이러한 대응에 고민하는 부모로부터의 상담도 많아집니다. 아이의 고집에는 "무리하지 않고, 방치하지 않고"라는 생각으로 긍정적인 정서를 수용한 상호작용의 실천이 기본 대응 방법으로 좋습니다. 만 2세아를 상담할 때 "고집이 있어서, 자신의 요구를 들어주지 않으면 떼를 쓰고 바닥에 누워버려요"라는 경우도 있습니다. 이 고집의 강도가 생활에 어느 정도 지장이 있는지 개인차가 있지만, 기본적인 해답으로서는, 무리하지 않고 방치하지 않는 것이 중요합니다. 무리하게 그 고집을 꺾으려고 하는 것도 좋지 않고, 그렇다고 해서 고집을 부리는 것이니까 할 수 없다고 포기하고 방치하거나 그 요구를 다 들어주는 것도 좋지 않습니다. 어디까지나 아이의 상태를 관찰하면서 고집은 존중하면서(경청과 공감: 아이의 마음 읽기를 우선적으로 상호작용한다) 그러나 "여기만은 양보해…"라고 하는 등 아이가 조금 참을 수 있도록 시키는 방법입니다.
　예를 들면, 현진군의 경우, 아빠가 무심코 평소와 다른 의자에 앉으면 "아니야, 아빠 자리는 여기야!"라고 소리치거나, 엄마와 마트를 갈 때 평소에 들지 않던 아빠의 손가방을 엄마가 잠깐이나마 빌리면 울면서 화를 내거나, 목욕할 때 엄마는 언제나 머리부터 감겨주는데 아빠는 몸부터 씻겼다고 야단법석을 부리는 등 어른이 볼 때는 별일도 아닌데 고집을 부려 난처하게 하는 경우에 어른들은 영문도 모른 채 "왜 짜증 부리는데?"라든지 "그런 건 아무려면 어때!" 또는 "어째서 이렇게 고집불통이니!" 하고 화가 머리끝까지 나기도 합니다. 이런 특이한 고집은 한 살 무렵부터 세 살 때까지 강하게 나타나는 '질서감'이라는 특별한 민감기에서 비롯됩니다.
　항상 있는 장소, 평상시와 같은 방향, 언제나 동일한 행동 순서 등 아이는 평소와 다르면 불안합니다. 이는 자기를 둘러싼 환경과 그것들 간의 여러 관계를 기억하고 세상에서 자신의 자리를 알기 위해서입니다. 질서감이 충족되었을 때 어린이는 방황하지 않고 자신이 향하는 목적물에 이를 수가 있습니다. 아이에게 이러한 질서란 물건이 놓여 있는 장소와 순서, 소유물 등이 그 시기에만 언제나 정해져 있는 것으로서 눈을 감고도 걸어 다닐 수 있고 필요한 물건을 금방 발견할 수 있는 상태가 될 때 심리적인 안정감을 가지게 됩니다. 이때 바람직한 상호작용은 "아빠도 엄마처럼 머리부터 감겨줄게"라고 하든지 "오늘은 아빠 친구가 오셔서 아빠는 현진이 자리에 앉을게 오늘만 양보해줘"라고 정중하게 부탁합니다. 심리적인 안정감을 찾은 현진이는 드디어 자리를 바꾸는 것이 가능해지게 됩니다.

정남이의 경우, 자동차 장난감을 정리하는 방법에 고집이 있고, 조금이라도 그 자리를 다른 사람이 만지면 화를 냅니다. 엄마는 "정남이의 정리하는 방법을 알았으니까 반드시 원래대로 넣어 둘게 그런데 지금 청소를 할 때만큼은 자리를 바꾸게 해줘"라고 정중하게 부탁합니다. 존중받는 느낌을 받은 정남이는 양보하는 것도 성공했습니다.

은주의 경우, 어린이집에 가는 길이 항상 정해져 있었습니다. 즉 순서성에 대한 고집으로 엄마가 "오늘은 옆 동 할머니집에 반찬을 드려야 하니까 평소와 다른 길을 가야 할 것 같아"라고 미리 예고하고 "다시 내일 부터는 항상 다녔던 길을 가도록 하자"라고… 미리 아이에게 안내를 하는 엄마를 보고 처음에는 싫어하던 은주가 양보해주었습니다. 처음에는 조금 울고 원래 가던 길을 가지 않는다고 울거나 떼를 쓰기도 하였으나, 엄마의 사전 안내를 받고는 다녔던 길을 가지 않아도 마음을 바꾸는 것 즉 순서를 바꾸어도 큰 문제는 없었습니다. 이처럼 어린이집을 가기 전 아이에게 사전에 상호작용 해 준 후에는 할머니집을 갈 때 다른 길로 가더라도 고집을 부리지 않고 엄마의 요구에 응하게 되었습니다.

제2장 신체촉진 시점[감각과 기억]

1. 지원의 배경

　보이는 법, 들리는 법, 생각하는 법이나 행동의 속도, 좋아하는 놀이, 잘하는 일 등 신체촉진의 정도에 따라 개인차가 있습니다. 새로운 환경에 빨리 익숙해지지 않는 것은, 감각을 받아들이는 법과 기억의 다양성(좋지 않았던 경험, 해보지 못한 경험, 익숙하지 못한 경험 등)에 관심을 가져보면 좋습니다.

　연령이 올라감에 따라 "한 사람 한 사람의 발달 차이" 보다 "다 똑같다"의 시점이 강하게 자리 잡고 있는 경우가 많습니다. 아이들의 발달은 개성이 풍부하므로 다양성을 인식하고, 그 차이를 존중하는 보육을 해야 합니다.

　어린이집 생활의 흐름이 몸에 익숙하지 않는 아이는 일련의 과정부터 차이가 납니다. 예를 들어 등원 후 교실에 들어가서 달력, 출석, 수첩정리 등 스스로 준비가 잘 되지 않고 자기 사물함 자리를 기억하지 못하거나, 자신이 벗어 둔 옷이나 양말을 그대로 둔 채 정리가 되지 않고 주의가 산만하며 침착성이 없습니다.

1) 정보 자극의 양을 줄이기

　아이는 시각, 청각, 후각, 미각, 촉각이라고 하는 오감을 구사해서 정보를 받아들이고, 처리해서 행동합니다. 변화가 많은 신학기 3월에는 그 감각이 약간 과민하게 된다고 생각해봅시다. 소리나 눈에 보이는 것, 냄새, 양과 질의 정도 등 가정보다 어린이집은 크게 변화합니다. 그러므로 가정에서는 능숙하게 받아들이고 있었던 정보도 어린이집에서는 받아들이기 어려워진다고 볼 수 있습니다. 왜냐하면 많은 자극들이 **불안**의 **요소**로 **작용**하기도 하고 그 반대로 **흥분요소**로 **작용**하는 경우도 있기 때문입니다. 그리고 아침의 준비도 평소라면 할 수 있는 것도 바쁜 출근시간대로 어른이 여유가 없을 경우 아이가 할 수 없다고 생각하고 아이 스스로 하고자 하는데도 어른이 일방적으로 도와주는 경우가 많은 것입니다.

아이가 스스로 할 수 있도록 기다리면서 할 수 없을 때 도와달라고 요청하는 부분만 도와주는 것은 생각해 볼 수도 없는 아침시간입니다. 이러한 시간이 오랜 시간 반복되면 손에 생긴 충치로 인해 아이는 무한한 가능성을 가지고 태어났으나, 어느 순간 아무것도 할 수 없는 존재가 되어 있습니다. 그러나 어른은 이유를 알 수 없다고 말합니다. 결국 그 이유의 근원은 어른의 양육태도에서 비롯된 것임을 최대한 **빠른** 시일 내에 알아차린다면 참 다행스러운 일이 아닐 수 없습니다만, 아무 것도 모른 채 치료실로 학원으로 전전긍긍하고 있는 아이들을 보면, 안타까운 마음이 앞을 가립니다.

이때 가장 중요한 것은 자극의 양을 줄여주는 것이 급선무입니다. 그 다음 정보를 정리할 필요가 있다고 느껴질 때, 가정이나 어린이집에서도 새로운 자극이 적은 편이 안심이 됩니다. 이 시기에는 장식이나 게시물 등을 간단하면서도 적게 조정하면 더욱 안정적일 수 있습니다. 그러므로 영역을 구분해서 집중하고 놀 수 있도록 하는 것도 좋습니다. 또, 어른 목소리나 동작도 자극이 됩니다. 교사가 큰 소리를 내거나 침착하지 않은 동작을 한다든지 하면, 아이는 감각적으로 안절부절, 안달복달해버립니다. 상호작용을 할 때는 필요한 말만 하고 부드럽고 조용한 목소리로 들려주는 것이 바람직합니다.

2) 말보다는 천천히 정확하게, 행동으로 보여주는 것을 의식화하기

자극을 줄이는 반면, 필요한 것을 어떻게 전달하는지도 중요합니다. 사람은 정보의 80퍼센트를 시각으로부터 받아들입니다. 새로운 환경에 적응을 시작하는 3월에는 어수선하므로 보다 더 천천히 행동으로 보여주고 활동마다의 전이(轉移)를 아이 스스로 느끼도록 포인트를 전달하는 것이 필요합니다. 그러므로 활동하는 모습을 교사가 천천히 보여주거나 그림으로 참조좌표를 이용하여 방향잡기를 도와주는 지원이 아주 중요합니다.

2. 관찰된 아이의 모습

1) 큰 목소리에만 반응하는 아이

아이들의 시끄러운 목소리가 메아리칩니다. … 어린이집의 일상생활에서는 당연한 것입니다. 그러나 정말로 당연한 것일까요? 많은 어린이집을 방문하는 기회가 있지만 그 아이들의 목소리가 아주 잔잔하고 조용한 어린이집과 큰소리로 말하지 않으면 서로의 목소리가 들리지 않는 어린이집이 있습니다.

각 어린이집 보육실의 목소리 크기는 인적환경(보육교사)에 영향을 받습니다. 보육실의 교사나 아이들이 큰 소리로 말할 때 똑같이 큰소리로 말하지 않으면 들리지 않기 때문입니다.

　놀이할 때, 식사할 때 등 어린이집에 따라서 그 차이가 명확하게 나타납니다. 가정생활에서 어린이집 생활로 옮기는 시기에 이 목소리에 압도된 이이도 많습니다. 아이 목소리는 번잡한 것이 당연하다는 생각을 바꾸어보시기 바랍니다. 왜냐하면 아이들은 모든 환경에 자연스럽게 적응합니다. 그러므로 큰소리보다는 작은 소리에도 반응을 할 수 있도록 도와주는 교사가 필요합니다. 목소리의 크기를 아이가 의식할 수 있는 인적환경의 노력이 보육실에서의 변화를 가져오게 됩니다.

　선생님 어떤 톤입니까? 어떤 속도로 아이들과 상호작용 하고 있습니까?
　자신의 목소리에 귀를 기울이고, 아이와 상호작용 하는 것 모니터링해 봅시다.
　온화한 표정으로 평온하게 조용한 톤의 너그러운 목소리는 아이에게 기분 좋게 들리게 됩니다(교사의 감정조절이 가장 중요한 부분).

　매일, 이 체크리스트를 사용해서 자신을 점검해보시기 바랍니다.
- □ 평온한 목소리로 상호작용하고 있습니까?
- □ 아이 가까이 다가가서 눈을 보고 상호작용하고 있습니까?
- □ 느긋한 속도로 천천히 상호작용하고 있습니까?
- □ 아이의 상태를 확인하면서 상호작용하고 있습니까?
- □ 간단하고 구체적으로 상호작용하고 있습니까?
- □ 긍정적인 말투로 상호작용하고 있습니까?
- □ 지킬 수 있는 것, 할 수 있는 것을 전달하고 있습니까?
- □ "싫어"라고 하는 호소에도 상황을 지켜보면서 여유있게 받아들이고 있습니까?
- □ 아이의 언행에 휘말리고 있지 않습니까?

아이들에게 자신의 목소리 크기를 의식시켜 보시기 바랍니다.

의식적으로 목소리 크기를 자신이 모니터링해 간다면 교사도 아이도 안정적인 상호작용을 잘 할 수 있게 됩니다. 유능한 교사는 자신의 목소리가 교실 바깥으로 나가지 않는다는 것을 꼭 기억해두시기 바랍니다.

아이는 교사와 같이 똑같은 목소리 크기를 이미지화 시킵니다. 만약 목소리 조절을 잘하지 못하는 아이에게 필요로 하는 척도가 될 수 있습니다. 어느 장소에서의 약속을 시각적으로 이미지화시키면서 자기가 그 행동을 할 수 있었던 것인지 어떤지를 되돌아보게 하는 상호작용이 중요합니다. 여기서 중요한 것은 '이 약속이라면 지킬 수 있겠지?' 라고 생각하는 행동을 어른이 선택하는 것입니다. '약속하면 할 수 있다' 라는 성공체험으로 연결하지 않으면 안 되기 때문입니다. 이러한 성공체험으로 구체적인 이미지를 가질 수 있게 되면, 목소리의 조정을 할 수 있게 됩니다. 교사도 아이도, 자신을 모니터링할 수 있게 되면 여러 가지 일을 컨트롤 할 수 있게 됩니다. 또, 자신을 되돌아보고, 적절하게 평가할 수 있으며 그냥 "조용하게" 라고 말하는 것보다는 행동방법을 이미지화하고, 체험해 보는 것이 필요합니다.

약속: 복도 또는 교실에서는 천천히 걸어요
    ① 뛰지 않고 걷는가?
    ② 목소리 크기는 적절한가?
①번과 ②번을 잘하면… (잘했다 리듬에 맞추어 박수를 3번 친 후 "다음에도 이렇게 해보자" 등 격려의 상호작용으로 마무리한다.)

2) 행동과 행동의 연결을 이해하기 어려운 아이

식사 후 양치를 해야 할 때, 이불을 펴서 잠을 자야할 때, 화장실을 가야할 때, 옷을 갈아입어야 할 때 등 매일 일상생활에서 일어나는 순서임에도 불구하고 좀처럼 다음 행동을 이어서 할 수 없는 아이가 있습니다. 이런 아이에게는 개별의 그림카드를 눈앞에 꺼내서 보여준 후 상호작용을 들려 줍니다. 예를 들면, 옷 갈아입는 그림을 보여주면서 "옷 갈아 입어보자"라 고 눈을 보고 상호작용합니다. 이렇게 행동과 행동의 연결을 이해하기 어려운 아이에게는 정리가 끝나면 마그네틱 카드를 "집으로 돌아갑니다"에 옮기고 "차렷! 인사! 오늘도 참 즐거웠습니다"라고 상호작용을 매일 동일한 상황에서 반복적으로 들려줍니다. 또한 "화장실에 갑니다"라는 행동이 어려운 아이에게는 화장실그림 카드를 목에 걸어주었더니 화장실에 갈 수 있게 되었습니다. 즉 목걸이를 걸으면 화장실을 갈 수 있다는 것을 놀이처럼 반복하면 좋습니다.

3. 보육교사 지원 TIP

1) 생각해 낼 수 있는 환경 만들기(참조좌표가 될 그림 또는 사진준비)

신학기, 새롭게 외우면서 행동할 수 있는 것이 많이 있습니다. 이 외우면서 행동할 때의 기억을 "작업기억"이라고 말합니다. 뇌의 메모장이라고도 할 수 있는 곳이고, 일반적으로 만2세 정도의 아이는, 어른부터의 말의 지시를 외워서 행동할 수 있는 수는 1~2개라고 말합니다. 그렇게 생각하면, 아침 등원시 이루어지는 준비에 있어서도, 13~14개의 순서를 외우는 것이 아이에게 있어서 얼마나 큰일인지 알 수 있을 것입니다. 하나 외우고, 그 다음 것을 외워서 할 수 있으면 그 다음의 활동을 하나씩 증가해가는 정중한 방법이 필요한 것입니다.

단, 이때 주의할 점은 강제성을 띄우면 안 됩니다. 놀이처럼 진행해주시는 것이 바람직합니다. 예를 들면, 영아인 경우에는 "ㅇㅇ아! 인사했네, 수첩 꺼내어보자"라고 상호작용 한 후 수첩을 꺼내도록 기다려 주고 꺼낸

후에는 그 다음 활동을 상호작용해줍니다. 유아인 경우에는 "oo아! 꼬마선생님과 인사했네, 그 다음 무엇을 하면 될까?"라고 개방형으로 상호작용한 후 교사는 유아가 언어로 "수첩 꺼내야 해요"라고 말할 때까지 눈을 맞추고 존중하는 마음으로 집중해주는 것이 필요합니다.

보육실 환경에 있어서도, 기억의 시점에서 연구를 해 봅시다. 신발장이나 사물함에 자기 자리를 알 수 있도록 표시를 하거나 순서를 그림으로 해서 게시한다든지 하면, 잊어버려도 다시 생각할 수 있도록 환경이 준비되었을 때 안심할 수 있습니다.

보육교사가 해야 할 일은 안아주길 원하지 않는 아이를 안아준다든지, 어리광을 부리며 우는 아이를 금방 안아주어서는 안 됩니다. 아이들의 상황을 잘 살펴보고 그 아이가 그 상황에서 혼자서 해결할 수 있는 일이라면 도와주지 않아야 합니다. 반대로 그 아이가 비록 울고 있지는 않지만 신호를 보내고 있을 때는 놓치지 말고 바로 대응해 주어야 합니다.

그러므로 지시를 할 때는 간단하면서도 구체적으로 하나씩 알려주는 상호작용을 해야 합니다. 2개 이상의 지시를 할 때는 생각할 수 있도록 시각적인 단서를 제시하면 좋습니다. 정중하게 상호작용하는 것은 당연하지만, 생각이 나도록 정보를 정리해 둘 경우 아이가 환경의 주인이 될 수 있는 것입니다.

2) 작업기억을 확인해보기(작업기억의 힘을 숫자로 확인)

개인차는 있지만, 만3세아라면 3~4개의 숫자는 외울 수 있습니다. 그러나 어려워한다면 듣고 외우도록 합니다. 이때 활동을 하기 위한 작업기억은 잘 사용하지 않고 있다고 보시면 됩니다.

: 순서를 작성한 후 붙여 놓는다.
: 어느 어린이집 아침의 준비를 예로 생각해봅시다. 각 어린이집의 특성에 맞게 준비하면 됩니다.
① 현관입구에서 인사를 한다.
② 신발을 벗는다.
③ 신발장에 넣는다.
④ 보육실로 이동한다.
⑤ 보육실 입구에서 인사를 한다.
⑥ 달력이 있는 책상 앞에 앉는다.
⑦ 가방에서 원아수첩을 꺼낸다.
⑧ 달력을 읽은 후 스티커를 붙인다.
⑨ 바구니에 원아수첩을 스스로 담는다.
⑩ 윗옷을 벗는다.
⑪ 윗옷을 접거나 옷걸이에 걸어서 사물함에 넣는다.
⑫ 가방을 사물함에 넣는다.(건다)
⑬ 자유놀이를 시작한다.

이렇게 보면 13개 정도 아침 등원할 때의 활동이 있습니다. 천천히 보여주면서 안내하거나, 정중하게 가르쳐도, 좀처럼 이해를 못하는 아이도 있습니다. 그러면 어떻게 하면 좋은지. 여러 가지 시점에서의 지원을 생각할 수 있습니다.

첫 번째, 순서를 과감하게 줄이기 즉 신비로운 감수성을 이해하기 위해 질서감이라는 특별한 민감기에는 한꺼번에 많은 순서를 활동으로 넣기 보다는 과감하게 줄여서 익숙해 질 때까지는 인사를 하고 가방 정리를 한 다음 자유놀이를 시작하도록 하는 것도 하나의 방법입니다.

두 번째, 도와주기 즉 순서를 줄일 수 없으면 어떻게 하는지 그 아이의 입장에서 보여주고 하기 힘들어하는 것은 꾸준히 아이의 의사를 물어보고 상호작용하면서 도와주거나 또는 아이가 놀이에 집중하기 시작하면, 보육교사는 그 아이가 되어서 언어로 활동의 순서를 말하면서 하나씩 정리하는 모습을 보여주도록 하는 것도 좋습니다. 예를 들면, "가방에서 수첩을 꺼내어 달력을 읽고 스티커를 붙이고 수첩을 바구니에 담겠습니다. 그 다음 oo이의 옷도 접어서 사물함에 넣겠습니다" 라고 상호작용을 들려주어야 합니다. 매일 반복적으로 들은 언어를 차곡차곡 뇌에 쌓아 두었다가 먼 훗날 스스로 상황에 따라 말할 수 있는 표현 언어가 풍부해지게 됩니다.

세 번째, 기회주고 관찰하기 즉 서툰 부분은 교사가 보여주고, 해 보게 한 다음, 자발적인 욕구가 있는지 아이의 모습을 관찰하면서 마지막 부분만 스스로 할 수 있도록 기회를 주면 좋습니다. 즉 마지막에 가방을 정리하는 부분만 아이가 하도록 합니다. **이때 교사는 기회를 준 후 "고통의 3초"를 기다리도록 하는 것이 좋습니다.** 교사의 기다림이 어려워 아이의 자발적인 의지를 읽어내지 못한다면 교사는 아이의 가능성을 방해한 것이라고 분명히 말할 수 있습니다. 이처럼 "마무리가 잘 되면 모두 잘 된다" 라고 생각하고, 아이는 "자기가 했다" 라는 마음으로 끝낼 때 '해냈다' 라고 하는 자신감과 성취감을 맛보게 됩니다. 꼭 기억해주시기 바랍니다. 고통의 3초를 …

네 번째, 마지막 활동부터 연결하기 즉 13번째의 마지막 순서부터 아이 스스로 할 수 있는 것을 늘려가도록 합니다. 가방을 사물함에 정리할 수 있게 되면, 옷을 개거나 옷걸이에 넣어서 정리하는 것을 더하고, 그것을 할 수 있으면 수첩을 꺼내는 것도 …, 앞의 순서를 하나씩 더해 가도록 합니다. 아이는 항상 마지막까지 '해냈다'를 느끼면서 혼자서 스스로 할 수 있는 활동이 늘어나게 됩니다.

다섯 번째, 보고 이해할 수 있는 환경을 연구하기 즉 활동모습이 담긴 그림이나 사진 등을 보고 그 다음 순서를 잊어버려도 참조좌표가 되는 그림이나 사진을 보면서 다시 생각나도록 하는 환경도 중요합니다.

여섯 번째, 하고 보여주기 즉 견본을 보는 것으로 이해를 잘 할 수 있게 됩니다. 말로만 아이를 움직이려고 하지 말고 보육교사가 늘 하던 대로 행동으로 보여주시기 바랍니다. 이때 교사가 서두르거나 재촉하는 것은 금물입니다.

일곱 번째, 장소를 나누기(구분하기) 즉 움직이는 코스를 생각하고, 스티커를 붙이는 장소, 수첩이나 알림장을 꺼내서 놓는 장소, 옷을 정리하는 장소 등 장소를 구분하여 나누어봅시다. 장소마다 하는 일이 정해져 있으면 이해하기 쉽습니다.

4. 부모 지원 TIP

알면서도 좀처럼 다음 행동으로 이동할 수 없는 아이[전이(轉移)가 어려운 아이]에게는 그림카드를 눈앞에 꺼내면서 보여주고 상호작용을 합니다.
(그림카드로 보여준다.: "동생과 함께 놀아요", "양치하러 가자", "화장실 다녀오자", "잠자러 가자", "정리하자", 놀이터에서 "집으로 돌아가자" 등 부모가 아이 스스로 행동으로 옮기지 않는 행동에 대해서만 그림카드를 준비해둡니다.)

1) 감각과 기억의 시점에서 알아보기

신학기는 부모의 불안도 크고 사랑하는 우리 아이가 새로운 환경에서 안심하고 지낼 수 있을지 걱정하면서 아이를 어린이집으로 보내고 있는 경우도 허다합니다. 그 속에서도, 집단생활에서 곤란한 행동을 하는 아이를 둔 부모는 크게 2가지 타입이 있다고 생각됩니다.

① 가정에서는 순조롭게 성장해왔다고 느끼고 있어서 집단생활에서 처음으로 신경이 쓰이는 행동이 밝혀져서 당황하는 타입
   → 또래와 함께 놀이할 수 있는 경험을 제공해주어야 한다.
② 부모와 분리되는 것에 대한 불안이 크고 등원을 싫어하거나 집단생활에서 패닉을 일으키고 아이의 기분을 예측할 수 없는 타입
   → 여유롭게 하루를 시작하는 지혜가 필요합니다. 급하게 서두르거나 아이의 마음읽기보다는 부모의 출근 또는 약속에 맞추기 위해 평소 자상한 부모가 돌변하여 화를 내거나, 소리를 지르는 경우 아이는 그 때부터 불안감이 고조되어 어린이집에 다다르면 그 불안감이 최고조로 올라 더 크게 울게 됩니다. 왜냐하면, 부모를 곤란하게 할 때 자신의 요구가 관철된 것을 아이는 잘 알고 있기 때문에 자신의 무기인 울음으로 부모를 쥐락펴락하는 것입니다.

부모는 어린이집에 오기 싫어서 울었다고 교사에게 말하는 경우, 교사는 아이의 불안이 어디서부터 시작했는지 알 수 없기도 하고, 정확한 마음읽기를 해 줄 수 없게 되어 아침의 시작이 힘들게 됩니다. 그 힘듦이 하루 종일 놀이의 연장선상에서 또래와의 분쟁으로 이어지는 경우가 있습니다.

그러므로 현명한 부모는 자신의 일상적 양육형태를 돌아보고 훈육이 필요한 시점에는 시간이 조금 부족해도 아이의 잘못된 행동에 대해서만 훈육합니다(예: "모래시계가 다 내려가면 신발을 신어주세요"라고 정중하게 말한다). 특히 3~4살 즈음 계절에 맞지 않는 옷을 선택한다면, 부모가 원하는 옷을 입히려고 하기 보다는 아이가 선택한 옷을 존중해주고, 다음과

같이 상호작용해 주면 아이는 즐거운 등원길이 될 수 있습니다. "OO아! 너무 추운데 잠바가 입고 싶지 않구나! 엄마는 감기 걸릴까봐 걱정되네. 그럼 바깥놀이 갈 때 많이 추우면 잠바 입고 나가도록 해, 엄마가 가방에 잠바 넣어둘게"라고 말한 후 담임교사에게 구두로 전후 상황을 설명해 주시거나 시간이 없다면 알림장으로 남겨 주시면 전문성을 지닌 교사는 아이의 마음 상태를 충분히 이해하고 도와줄 수 있게 됩니다.

이러한 긍정적인 정서를 수용한 상호작용은 충분한 연습을 통해서 이루어집니다. 이때 가장 주의할 점은 비난, 조롱이 아닌 사랑스러운 느낌을 가지고 눈을 보면서 부드럽게 이야기하는 것을 잊어서는 안 됩니다. **아이에게 백번 잘해 주는 것보다 한 번 욱하지 않는 것이 더 중요합니다.**

2) 각성 레벨의 시점에서 알아보기

가정에서도 키우는데 어려움이 있고 집단생활에도 큰 불안을 안고 있는 타입

▶ 가정보다 더욱 더 침착성이 없는 행동을 하고 친구와의 트러블도 빈번하게 일어나므로 부모는 어느 정도 예측하고 있다고 해도 매일 조마조마하면서 아이와 만나야 하므로 마음의 준비가 필요합니다.

아이의 상태와 부모의 인식의 차이는 있지만, 다른 측면에서 보면, 아이 자신이 감각통합 즉 감각을 받아들이는 방법과 그것을 처리하는 힘 그리고 기억에 편향이 있다고 생각할 수 있습니다. 즉, 주위에서 얻을 수 있

는 정보를 적절하게 받아서 이해하고, 행동으로 옮기는 것에 어려움이 있는 것으로 관찰됩니다. 그래서 우선 보육교사는, 지금의 걱정하는 상황이 가정교육이나 키우는 방법의 문제라고 전달하는 것 보다는 다음과 같은 내용을 부모에게 정중하게 설명해 주어야 합니다.

집에서는 키우기 쉬운 아이(순조롭다) → 어린이집에서는 충격(당황)
키우기 어려운 아이(불안…) → 역시(어떻게 하지?)

보고 듣는 정보의 양이 가정보다 어린이집이 훨씬 많아지므로 감각통합이 가능할 수 있도록 탐색으로부터 시작하여 아이의 변화를 느긋하게 관찰하고 기다려야 합니다.

정보량이 많아지면, 정보가 많은 그 곳(어린이집)에 압도되어 불안하게 된다든지 기분이 UP되어 극도로 긴장된 상태로 조절이 되지 않아 각성레벨이 높은 상태에 이르러 침착성이 없어집니다.

⬇ 이러한 내용을 바탕으로 가정과의 연계는?

● 생활리듬을 중요시해야 한다.
생활에는 리듬이 필요합니다. 전날 밤 늦게 잠이 들었다든지 아침밥을 먹지 않았다든지 하여 생활리듬이 깨지면 정서에 영향을 주게 됩니다. 여유롭게 하루일과를 보낼 수 있도록 등원하는 시간과 집으로 가는 시간을 항상 동일한 시간으로 아이의 생활리듬에 맞추라고 안내해야 합니다. 이 시기에는 아이와의 약속을 최우선으로 생각할 수 있도록 도와주는 것이 중요합니다. 가정과의 연속성을 고려하며 각자의 생활리듬, 발달과정, 보육시간 등에 맞추기 위해서는 하나하나의 아이들을 잘 지켜보고 적절한 식사와 휴식, 활동의 균형을 맞출 필요가 있습니다. 아이들은 시간은 잘 모르지만,

생활의 흐름에서 어린이집에 가는 시간인지 놀이하는 시간인지 아니면 집으로 가는 시간인지를 파악하고 있습니다. 모르는 존재라고 생각하는 순간부터 불안이라는 불씨의 시작점이 될 수 있고, 신경이 쓰이고 키우기 힘든 아이가 됩니다.

- 아이가 불안해하거나 기분이 UP될 때 꾸짖는 것보다 차분히 안정적인 상호작용을 해야 한다. 차량을 타기 위해 줄을 서 있을 때 한 친구가 다른 친구의 앞에 쏜살같이 달려와 끼어들자 줄을 서 있던 친구가 친구를 밀면서 소리를 칩니다. 이때 교사(부모)는 방해한 아이와 방해받은 아이 둘 모두에게 차분하게 상호작용할 필요가 있습니다.

▶ 방해받아 공격행동을 한 후 불안해하는 영훈이를 향한 상호작용 예
 : "줄을 서 있는데 영훈이 앞에 민호가 말없이 끼어들어서 불편했구나" (마음 읽어주기)
 : 그런데 "영훈아! 불편하거나 당황스럽게 하더라도 민호를 밀거나 소리치면 안돼?" 라고 단호하게 해서는 안 되는 행동에 대해서 안내한다(행동 한계 설정 알려주기)

: 다음부터는 민호에게 뭐라고 이야기하면 좋을까?(스스로 알아차리는지 개방형 질문하기) 또는 "민호야! 내가 먼저 줄을 서 있었어! 비켜줄래?" 라고 이야기해볼까?(대체 언어 알려주기)

▶ 기분이 UP되어 영훈에게 방해를 끼친 민호를 향한 상호작용 예
: "영훈이가 먼저 줄을 서 있었는데 민호가 뛰어오면서 말없이 끼어들었던 거야?" (부드러운 어조로 상황에 대한 마음 읽어주기)
: "다른 친구들은 어떻게 하고 있는지 한번 볼까?"(규칙을 알아차리도록 질문하기)
: "민호가 영훈이 앞에 말없이 끼어들어서 속상할 것 같아. 우리 민호가 영훈이에게 뭐라고 이야기하면 좋을까?"(대체언어 알아차리도록 개방형 질문하기) 또는 "내가 말없이 너 앞에 끼어들어서 미안해" 라고 이야기해볼까?(대체언어 알려주기)
: "다음에는 나도 너희들처럼 차례대로 줄서서 기다릴게" (규칙에 대한 약속 상기시키기)

이처럼 두 아이가 스스로 생각하면서 행동을 조절할 수 있도록 상호작용을 해주시는 어른이 있다면, 이 아이들의 불안이 부모의 불안으로 남지 않을 거라고 생각됩니다. 가장 기본적인 규칙에 대한 안내 등을 통해 전반적인 생활지도에 밑거름이 될 수 있도록 도와주시기 바랍니다.

제3장 신체자극 시점[시지각과 자세유지]

1. 지원의 배경

평형감각은 자세조절과 관계하는 감각입니다. 이 전정각은 흔들거나 회전, 지구의 끌어당기는 힘과 같은 가속도정보를 감지합니다. 이 가속도 정보는 외부에서의 신체자극과 관계합니다. 가속도정보는 먼저 평형감각의 센스로 귀의 깊숙이 있고 삼반기관과 센스(이석기)라고 불리는 부위의 움직임을 맡아 신경의 전기신호로 나타납니다. 우선 삼반기관은 머리를 기우뚱거리거나, 뒤로 돌아보는 자세변화 또는 잘 때 움직이는 등 주로 머리가 회전할 때에 생기는 회전가속도를 느끼면서 받아들이는 부위입니다. 또 하나의 센스인 이석기는 머리가 전후·상하로 이동할 때에 생기는 직선가속도를 느껴서 받아들입니다. 예를 들면, 난형주머니는 눈을 감고 있어도, 차가 발진·정지나 가속·감속 하는 것을 알 수 있습니다. 구형주머니는 엘리베이터 상하의 움직임을 알 수 있습니다. 이 부위로 정보를 받아들이고 있기 때문입니다. 또, 이 가속도 정보에는 가만히 있을 때에도 움직이는 중력 가속도도 있습니다. 우리들은 항상 지구의 당기는 힘을 가속도로 받아들이고 있고, 그것 때문에 서 있으나 앉아 있어도 자세를 유지할 수 있습니다.

삼반기관과 이석기 때문에 전기신호가 된 정보는 뇌 속에 받아들이는 회로(입력측)로 교통정리가 된 후 출력 측에 있는 세 개의 회로 즉 척수계(脊隨系), 동안계(動眼系), 자율신경계(自律神經系)로 연결됩니다. 구체적으로 살펴보면 다음과 같습니다.

1) 척수계(脊髓系) - 전정각(평형감각) - 자세조절의 회로

우리들은 평소 무의식속에 근육의 긴장을 조정하고 자세를 유지하고 있지만 주로 그 조정을 하는 기관은 전정각(평형감각) - 척수계(脊髓系)입니다. 예를 들면, 몸이 오른쪽으로 기울어졌을 때 그 차이에 맞추어서 왼쪽 근육의 긴장을 높이고 머리를 수직으로 유지하려고 합니다. 먼저 눈을 감은 상태로 의자에 앉아서 누군가에게 몸을 좌·우로 기울여줍니다. 이때 대부분의 사람은 몸이 기울여지면서도 머리를 수직방향으로 일으키려고 합니다. 왜냐하면, 실제로 눈을 감고 있는 본인도 무의식중에 행하는 일이기 때문에 잘 모릅니다.

구체적으로 설명하면 먼저 몸이 기울어진 순간 평형감각의 센스(이석기)가 지구를 잡아당기는 힘(중력가속도)의 차이를 느낍니다. 그리고 이 정보가 평형감각을 받아들이는 회로에 도달하는 입력측에서 출력측으로의 회로에 정보가 전달됩니다. 자세조절의 회로(운동회로)는 기울음과는 반대쪽 목 근육의 긴장을 높이고 머리가 수직을 유지하게 됩니다. 이러한 일을 무의식적으로 영아기부터 사용하고 있는 네트워크라는 것이 놀라운 사실이 아닐 수 없습니다.

근긴장 조절기능의 발달과정을 보면, 영아의 발달검사 항목에 있는 반응으로 갓난아기를 눕혀서 손가락을 잡아당겨 일으켜 세우려고 하면 생후 1개월에는 아직 머리에 힘이 없어서 따라오지 않습니다. 그런데 3개월 정도가 되면, 목이 따라와서 몸통과 연장선상에 머리가 따라오게 됩니다. 목에 힘이 생길 때 이것을 '목이 선다'라고 합니다만, 감각 통합적으로 보면, 이것은 전정각(평형감각) - 척수계(脊髓系)에 의해 발달되는 과정입니다. 그 후, 6개월 즈음에는 앉아있는 것이 가능하고, 10개월 즈음에는 잡고 서기가 가능합니다. 목에서 등 그리고 다리로, 전신의 근 긴장이 조절되면서 1살 정도 될 때는 보행이 가능하게 됩니다. 이것은 근력이 생기는 것이 아니라 평형감각계를 중심으로 한 뇌 기능이 발달하기 때문입니다. 여기서 근력과 근긴장과의 차이를 알 수 있습니다.

근력은 의식을 행하는 운동으로 저항운동을 반복하면 증가하지만 근긴장은 자기의식으로 높이고 내릴 수 있는 것이 아니라, 뇌 기능 수준에 맞추어서 움직입니다. 근력 트레이닝에 의한 변화는 근육의 섬유가 크고 강하게 되는 것으로 뇌 기능을 높이는 것과는 다릅니다.

2) 동안계(動眼系) - 전정각(평형감각) - 안구 운동의 회로

안진이란 몸을 회전하면 눈이 도는 것을 말합니다. 이때 안구가 좌우로 흔드는 반응이 나타나 전정각(평형감각) - 동안계(動眼系)라고 하는 회로반사로, 이 네트워크를 기본으로 눈 앞에 물건을 주의 깊게 주시하거나, 움직이는 물건을 추시하는 안구의 움직이는 방법이 발달해가는 것을 알 수 있습니다. 예를 들어, 한사람이 제자리에 서거나 또는 회전의자에 앉아서 10번 정도 회전을 한 후 눈 상태를 관찰해보세요. 그러면, 십 수 초간 눈의 흔들림(안진)을 확인할 수 있습니다. 이때 눈이 돌아가는 상태로 전정각(평형감각)-동안계(動眼系)의 회로가 연결되어 있는 증거라고 볼 수 있습니다. 사람은 이 회로의 연결을 기초로 주시, 추시라는 안구운동을 발달시켜 왔습니다. 시각에 의한 추적은 눈과 손의 협응력 향상뿐만 아니라 주의력과 집중력까지 발휘할 수 있게 됩니다.

3) 자율신경계(自律神經系) - 전정(평형감각) - 자율신경계(自律神經系)의 회로

자율신경은 교감신경과 부교감신경이라고 하는 2가지 상반되는 기능으로 성립되고 있습니다. 이 양자의 움직임은 소화나 발한, 혈압·체온의 변화기능에 관계하고, 그 활동성의 균형을 조정하고 있습니다. 또, 이것과 안과 밖이 하나가 된다는 뜻으로 두 사물 사이의 관계가 아주 가깝게 되는 것을 이르는 말로 움직이고 있는 심리적 기능에 정서와 정동이 있습니다. 여기부터 쾌. 불쾌의 정서도 생기는 것입니다. **대략 모든 감각은 자율신경과의 연결로 이루어지지만 그 중에서도 평형감각은 자율신경과의 연결이 가장 깊은 감각입니다.** 예를 들면, 멀미는 반복적으로 일어나는 흔들림이나 회전자극에 의하여, 자극이 많아서 터진 것으로 뚜껑이 열려버린 전정각(평형감각) - 자율신경계(自律神經系)의 영향 때문에 구토나 두통, 혈압의 변동이라는 증상을 일으켰다고 설명할 수 있습니다.

[표 2] 자세유지와 조절을 위한 전정각의 3요소

전정각 종류	역할	세부 내용
척수계 (脊髓系)	근육의 긴장상태를 조절	• 일정한 자세 유지를 위해서 근육의 긴장이 필요 • 근육의 긴장이 안 될 경우 - 자세가 쉽게 무너지기 쉬움 - 바로 누워버림 - 신체가 쳐져버림 - 넘어지기 쉬움 - 중력에 대해서 신체 축을 유지, 조절하기 어려움
동안계 (動眼系)	회전 후 안진 (눈 흔들리는 것)을 만듦	• 안구운동에 관한 기능이 발달하기 위해서 안진(움직임)이 필요 • 동안계(動眼系)가 기능하기 어려운 경우 - 움직이는 것을 눈으로 따라가는 추시어려움 - 같은 장소에 있는 것을 가만히 보는 주시어려움 - 추시와 주시처럼 시선을 옮기는 것이 어려움
자율 신경계 (自律 神經系)	교감신경과 부교감신경의 바란스 조절	• 쾌 또는 불쾌의 정서가 생김 • 흔드는 것을 심하게 무서워 함. • 자율신경계(自律神經系)가 제 역할을 못할 경우 - 움직임이 곤란해짐 - 쾌 또는 불쾌 그리고 각성레벨의 조절이 곤란함 - 작은 흔들림, 익숙하지 않는 자세를 아주 무서워함.

2. 관찰된 아이의 모습

평형감각 통합의 걸림돌에 의해서 나타나는 반응으로 크게는 평형감각계의 "낮은 반응"과 "지나치게 높은 반응"의 2가지 반응으로 나눌 수 있습니다. 여기서 접근의 시점에 대해서 이 2가지로 나누어 보면 다음과 같습니다.

1) 척수계(脊隨系) - 평형감각계의 낮은 반응에의 접근

평형감각계의 낮은 반응에 의해 나타나는 행동의 문제는 주로 전정각(평형감각) - 동안계(動眼系)와 전정각(평형감각) - 척수계(脊隨系)에 관한 것으로 안구운동의 발달미숙이나 자세의 무너짐 등으로 나타납니다. 평형감각의 움직임에 필요한 정보가 부족하기 때문에 접근방법으로는 평형감각이 받아들이는 가속도 정보(회전가속도, 직선가속도, 중력가속도)를 입력시키게 됩니다. 예를 들면, 안구운동의 발달미숙에는 회전자극, 자세의 무너짐에는 상하·전후에 흔들림 자극처럼 평형감각의 어느 부분에서 걸림돌을 받고 있는지에 따라 입력하는 가속도 정보가 달라집니다. 그리고 자기자극행동으로서 많은 움직임 등이 나타나는 경우도 접근의 시점은 동일합니다. 단, 이 경우 자세조정으로서의 평형감각에 더해서 움직임의 조정으로서의 고유각을 함께 생각할 필요가 있습니다.

2) 척수계(脊隨系) - 평형감각계의 지나치게 높은 반응에의 접근

평형감각계의 지나친 반응으로서 나타난 행동문제는 주로 전정(평형감각) - 자율신경계(自律神經系)에 관한 것으로, "중력불안"과 "자세불안"입니다. 예를 들면, 그네나 트램플린, 바이킹 등을 무서워하는 모습으로 나타나지만, 그 배경에는 감각의 걸림돌이 있다는 것을 모를 경우 단순하게 겁쟁이라고 방치하는 경우가 많습니다. 그래서 이러한 아이의 감각통합적 접근을 생각할 때 참고가 된 하나의 방법을 소개하겠습니다. 촉각에는 "원시계"와 "식별계"의 2가지 움직임이 있다고 말했지만, 평형감각에 있어서도 똑같이 생각할 수 있습니다.

생물의 오랜 진화의 역사 중에서, 수중을 움직이기 위해서는, 우선, 혈압의 조정을 비롯하여, 여러 가지 기능이 필요했다고 생각합니다. 그것이 자율신경계(自律神經系)의 움직임이 되었습니다. 그 후, (어류, 파충류, 포유류) 육상에 올라가고, 자세유지(척수계-脊隨系)가 필요하게 되어, 그리고 최후에 눈을 움직이는 기능(동안계-動眼系)이 필요하게 되는 것이 추측됩니다(98p 참고).

이렇게 생각하면, 자율신경계(自律神經系)는 최초의 연결이 치밀하게 된 회로이고 촉각으로 볼 때 원시계에 해당합니다. 따라서, 자율신경계(自律神經系)에 과하게 정보가 흐르고 있는 경우에는 보다 나중에 진화된 회로(촉각으로 말하는 식별계)쪽에 정보를 흘리도록 이동시키는 것이 좋지 않을까라고 생각할 수 있습니다.

정수군의 경우, 썰매 위에 엎드려서 이동하는 놀이에서 보면, 몸의 축 방향의 가속도 자극을 받게 됩니다. 그때, 자연스럽게 배근육을 펴는 자세가 유지되어 자율신경계(自律神經系)의 반응이 억제될 수 있는 것입니다. 바닥에 닿는 표면적이 넓을수록 힘의 하중이 분산됨에 따라 중력불안, 자세불안 등이 감소된다고 볼 수 있습니다.

실제 사례 만 4세 어린이집 교사 이야기

중력불안이 있는 것으로 보이는 정수군은 트램플린에 올라가면 설 수 없고 네발로 엎드려 가만히 있고 무서워하였습니다. 그래서 지면(바닥)에서 조금 떠오른 수직방향이 아닌 수평으로 몸의 축 방향에 가속도가 붙는 썰매보드에 엎드려서 왔다갔다 하면서 타는 운동놀이를 유도하였습니다. 그리고 약 30분 후 성수군을 다시 트램플린 위에 태웠을 때 조금이지만 스스로 서서, 점핑점핑을 할 수 있게 되었습니다.

실제 사례 만 5세 어린이집 교사 이야기

요즈음 유아들은 선생님의 말씀에 집중해서 수업에 임하지 못하는 아이가 많아서 교사의 역할에 대해서 고민이 있다고 하였습니다. 초등학교 입학할 때까지 어떤 것을 도와주어야 할까요?

수업 중 한 교사의 이야기를 아이가 집중해서 듣는 것은 여러 가지 발달이 가능하지 않으면 힘들 수 있습니다. 즉 골고루 발달되어 있어야 집중해서 들을 수 있다는 의미를 말합니다. 그 발달을 확인하기 위해 "시지각"과 "자세유지"의 시점에서 이 아이를 연구해 볼 필요가 있습니다. "이야기를 듣지 못한다"라는 상태를 잘 관찰해 보면, 보육교사의 이야기에 '집중할 수 없는 아이'와 '의자에 앉아 있지 못하는 아이' 등 두 부류가 있습니다.

3. 보육교사 지원 TIP

타입1. 이야기에 집중할 수 없는 아이

▶ 곤란점

1. 보육교사의 이야기를 침착하게 들을 수 없다.
2. 이야기하는 사람의 시선을 맞추지 못하고 여기저기(이리저리) 보고 있거나 자기가 하고 싶은 말만 한다.
3. 눈에 초점이 없이 멍하게 앉아 있어서 어디를 보고 있는지 알 수 없다.

▶ 교사의 역할

1. 교사는 크게 움직이거나 산만하게 움직이면서 이야기하지 않도록 합니다. 여기 저기 움직이면서 이야기를 할 경우 아이는 어디를 보고 있어야 하는지 몰라서 혼란스럽다.
2. 이야기할 때는 될 수 있으면 손동작이나 몸동작을 멈추어야 합니다.
3. 교사는 아이의 앉는 위치를 생각하면서 아이들이 잘 보이는 위치에 앉아야 합니다. 특히 집중하기 어려운 아이는 교사를 정면에서 볼 수 있는 위치에 앉을 수 있도록 합니다. 옆을 보거나 사선으로 보면 시선을 계속 집중하는 것이 어려워서 주의력이 흐트러지기 쉽습니다.
4. 움직일 때는 움직이고, 말할 때는 말하는 등 동작과 말하기를 구분해야 합니다. 특히 주의 사항은 말하면서 움직이지 않습니다.
5. 눈을 보면 말을 하고, 눈을 보지 않으면 말을 멈추는 등 눈을 보고 집중할 때 상호작용하는 것이 아주 중요합니다.

6. 시각 또는 청각적인 이야기 카드를 준비합니다. 집중시킬 때 말로만 시선을 집중하기 어려운 경우, 그림카드를 보여주는 것도 좋습니다.

[표 3] 집중카드와 예측카드

☞ 집중 카드	☞ 예측 카드
① "여기를 보세요" 집중카드를 보여주면서 리듬있는 언어로 말한다. ② "귀 쫑긋" 집중카드를 보여주면서 리듬있는 언어로 말한다. ③ "시작해요" 집중카드를 보여주면서 리듬있는 언어로 말한다. ※ 이와 같이 집중카드를 이용하여 반복할 경우 보육교사에게 집중하는 습관이 생깁니다.	① 예측이 가능하도록 사전 안내한다. - 준비물: 모래시계 등 - 내용: 이야기의 끝을 예측할 수 있도록 집중을 지속시키는 방법을 활용한다. 그리고 남은 시간은 타이머로 직접 보여주거나 모래시계를 보면서 "모래가 아래로 모두 떨어질 때까지" 등의 예측이 가능하도록 사전에 안내한다. ② 규칙에 대한 안내를 반복해서 들려준다. - 준비물: 종 첫 번째 종소리: "선생님! 보세요" 두 번째 종소리: "놀잇감을 정리해요" 세 번째 종소리: "놀이가 마무리된 친구들은 자기 자리에 앉아요" 등의 약속을 합니다. 이때 종을 치는 시간의 간격에 따라 아이의 조절 능력을 어느 정도까지 가능한지 관찰할 수 있습니다.

7. 보고 이해하는 힘이 향상되는 놀이를 준비합니다.

[표 4] 보고 이해하는 힘이 향상되는 놀이

🏁 보고 보고 게임	🏁 구르는 공 잡기 게임
① 교사가 인형을 손에 끼워 아이의 얼굴 앞에서 상하좌우로 움직인다. ② 이때 머리는 고정하고 움직이는 인형을 눈으로만 보도록 한다(시지각만 사용하도록 약속). ③ 얼굴은 고정한 채 눈만 움직이면서 따라 움직이도록 한다. ④ 미간 중심에 눈을 모으는 연습도 해 보면 좋다. 	① 책상 위 또는 바닥에 공을 굴린다. ② 굴러오는 공을 잡는다. ③ 공간이 협소한 경우 책상 위에 공잡기를 해도 좋다. ④ 공간이 넓은 경우 굴러오는 공을 발바닥으로 밟아 고정시킨다. 이때 발을 이용할 때는 공을 잡으면서 뒤로 넘어지지 않도록 놀이 전 안전에 대한 약속을 한 후 교사의 관찰이 필요하다. 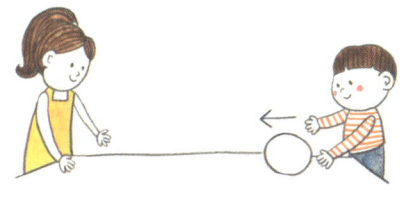

타입2. 자세를 유지할 수 없는 아이

※ 네발기기, 아빠다리 자세, 무릎을 잡고 몸을 웅크려서 앞뒤 좌우로 흔드는 자세는 균형과 관련이 있습니다(전정각).

▶ 곤란점
1. 의자에 앉아서 몸을 뒤로 젖히거나 앞으로 구부리는 것처럼 앉아 있다.
2. "허리를 바른 자세로 세우세요"라고 말하면 등을 순간적으로 펴면서 고치지만 바로 무너져버린다.

▶ 교사의 역할

1. 자세를 이미지화 한 후 느끼게 합니다.
2. 아이는 "등을 바로", "허리를 바른 자세로" 라는 말로는 구체적으로 이미지 할 수 없습니다. 사진이나 그림으로 제시한 후에 실제로 올바른 자세를 만들어서 감각적으로 익힐 수 있도록 합니다. 교사는 아이의 등 쪽 허리 위와 가슴 주변을 동시에 살짝 누르듯이 아래에서 위로 쓰다듬어줍니다.
3. 자세 만들기에 도움이 되는 운동놀이를 계획합니다.
   - 평소 보육활동 중에 자연스럽게 네발 기기 활동으로 진행합니다. 양손바닥과 양쪽무릎이 바닥에 닿는 네발기기를 유도합니다.
   - 균형을 유지하면서 자세유지 연습이 가능하도록 합니다.
   - 양반다리를 한 후 허리를 펴거나 몸을 웅크리는 놀이를 번갈아가면서 합니다.
   - 평형감각(전정각) 키우는 놀이 종류: 선상걷기, 평균대 걷기 등

[표 5] 자세 만들기에 도움이 되는 운동놀이

NO	활동명	효과	놀이방법
1	양반 자세 놀이	등을 펼 수 있도록 도와주는 놀이	① 구부린 등을 펴게 한다. ② 등에 힘을 주게 한다. ③ 등이 동그랗게 되지 않도록 의식을 하면서 의지력을 기르도록 숫자를 하나에서 열까지 천천히 센다.

제3장_신체자극 시점[시지각과 자세유지] • 143

2	네발기기 놀이	균형 유지에 좋은 놀이	① 손과 무릎 그리고 발이 바닥에 붙여진 상태 (미는 행동)로 네발 기기해야 한다. ② 충분히 네발기기 연습 후 자세가 조금 좋아지면 그 다음 단계로 기기를 유도해야 한다. ③ 고난이도: 무릎은 바닥에 닿지 않은 상태에서 손과 발로 이동하게 한다. 이때 머리는 숙이지 않고 앞을 보면서 앞으로 나아가는 것이 중요하다. ※ 목뒤 근육도 발달함 ※ 응용: 걸레질 놀이(소품을 이용하여 균형 유지에 좋은 놀이)
3	무릎을 잡고 몸을 웅크리는 놀이	균형감을 키우고, 몸의 중심을 느낄 수 있는 놀이	① 앉아서 무릎을 세운다. ② 등을 동그랗게 만든다. ③ 동그란 모양을 유지하면서 누운채 앞뒤로 흔든다.

3) 동안계(動眼系) - 검은 눈동자의 움직임이 시지각 발달의 포인트

시지각이란 본 것을 정확하게 이해한 후 그 의미를 생각한다든지 행동하는 것이지만 이때 어디를 보면 좋은지를 느끼지 못하거나 이해할 수는 있어도 집중해서 계속 볼 수 없는 모습은 구체적으로 안구운동의 조절, 즉 검은 눈동자의 움직이는 방법이 관계하고 있습니다. 아이는 1살 전후에, 눈을 안으로 모으는 것을 할 수 있게 됩니다. 양쪽 눈이 팀웍을 이루어 함께 움직이고 있는 것입니다. 팀웍이 잘 이루어실 때 신체균형을 쉽게 잡을 수 있게 되고, 물건과의 거리감도 잘 유지 할 수 있게 되므로 안전과 직결되기도 합니다.

이러한 발달을 통해서 보행이 가능하게 됩니다. 즉 보행확립에는 시지각의 발달이 아주 중요한 부분임을 할 수 있습니다. 특히 만0세 걸음마기의 아이들에게는 같은 시기에 천천히 움직이는 물건을 주시하도록 환경(예: 모빌류 등)을 준비해 줍니다. 이때 아이는 소리 나는 방향으로 바로 반응을 나타내는 것을 볼 수 있습니다. 바로 이것도 검은 눈동자의 움직임과 밀접한 관련이 있습니다.

이때, 검은 눈동자가 스스로 조절하여 적절하게 움직일 수 있는 것은?
① 지속하는 능력: 계속 보는 힘
② 선택하는 능력: 필요한 것을 선택해서 보는 힘
③ 주의하는 능력: 보아야 하는 것에 주의를 기울이는 힘의 기본이 됩니다. 이러한 힘들이 모여서 어린이집뿐만 아니라 먼 훗날 학교에서의 수업참여에도 큰 영향을 미칠 수 있습니다. 그러나 검은 눈동자가 세 살이 넘어도 잘 움직이지 않는 아이도 있습니다. 이 경우에는 앞에서 소개했던 '보고보고 게임'이나 '공굴리기 게임' 등을 통해 시지각을 향상시키는 놀이를 꾸준히 하면 좋습니다. 언제 어디서나 시간에 구애 없이 할 수 있는 시지각 놀이의 대표적인 것으로 손가락 따라 움직이기 놀이도 있습니다. 이

놀이는 매일의 생활에서 주의력을 가지고 움직임이 있는 교구 등을 보고 스스로 추적이 되는지를 면밀히 관찰해야 합니다. 가정과의 연계에서도 안내할 필요가 있습니다.

※ 어항 속 작은 물고기가 움직이는 것을 따라서 보는 것도 시지각 향상 놀이에 해당됩니다.

4) 자율신경계(自律神經系) - 신체중심을 잡는 것이 올바른 자세유지 포인트

① **올바른 자세를 몸으로 느끼도록 한다.**

허리가 뒤로 기울어지면 척추도 구부러지고, 고양이등이나 새우등처럼 될 수도 있습니다. 목도 약간 앞으로 기울어지므로 이 자세는 상당히 피곤한 상태를 유지하게 됩니다. 허리를 약간 펴는 이미지를 머릿속으로 생각하면서 신체를 인식하도록 상호작용하고, 이해하기 어려운 경우에는 교사가 앉아 있는 아이의 몸을 지지하고, 올바른 자세 감각을 체험할 수 있도록 가슴과 등을 함께 쓰다듬어 올려주어야 합니다. 특히 자세를 유지하기 위해서는 신체균형감각도 중요합니다. 앉은 자세에서 다리를 번갈아 올려보면, 그때 상반신이 크게 기울어지지 않고 척추를 바르게 펴는 상태로 균형을 유지할 수 있는지를 유심히 관찰해봅니다. 아이는 이때 신체 중심(정중선)을 느낄 수 있습니다. 이 신체중심(정중선)을 의식적으로 느끼도록 상호작용해 주어야 합니다. 자세유지를 위해 아주 중요한 상호작용입니다.

※ 예: '허리와 척추를 바르게 펴보자'

② **앉아 있는 것에 거부감이 있다.**

초등학교 수업에서는 약 45분 간 앉아 있어야 합니다만 앉아 있는 것에 거부감이 있으면 쉽게 피곤해하거나 선생님의 이야기에 귀 기울이지 못합니다. 그래서 공부에 집중하기 어렵고, 앉아 있을 수 없게 되어 버립니다. 이것은 신체 중심(몸 속)에 있는 자각하기 어려운 감각(고유각과 전정각)을 느끼기 어렵기 때문에 자세가 무너지기가 쉬운 경우도 생각해 볼 수 있습니다. 즉 올바른 자세를 이미지화 할 수 없게 됩니다. 그러나 이미지화 할 수 있어도 실제로 몸을 어떻게 움직이면 좋은지 어느 정도 힘을 넣어야 자각이 가능한지를 잘 모를 수도 있습니다. 그러므로 이러한 아이들에게는 감각을 자극할 수 있는 감각놀이, 운동놀이가 자세유지와 밀접하게 연결이 됩니다. 특히 표준보육과정과 연계한 수준별 영아 신체운동 프로그램 보육활동 지도안에 있는 신체촉진활동, 신체자극활동, 신체인식활동을 행동, 정서, 언어적 상호작용과 함께 매일 단계별로 진행해 보는 것도 좋습니다(강미옥, 2017, 기본운동 중심 신체운동 프로그램이 영아의 신체운동능력 및 인지능력에 미치는 영향).

■ 가만히 앉아 있지 못할 때의 대처방법

의자에 앉아 있는 것을 거부하거나 잘 앉아 있지 못하는 경우 다리를 계속 움직이거나 갑자기 일어나버리는 아이도 있습니다. 감각을 받아들이기가 어려운 것도 있고, 다른 자극을 찾기 위해 나타나는 행동인 경우도 많기 때문에 그러한 아이에게는 앉아 있으면서 감각을 만족시키는 방법을 알려주는 것도 하나의 방법입니다. 처음에는 보육교사가 도우면서 아이가 좋아하는 감각을 함께 찾고 "몸이 가만히 있기 힘들면 스스로 좋아하는 놀이를 찾아보세요"라고 상호작용 하여 사전에 준비해둔 감각놀이 활동 들을 찾아갈 수 있도록 하여 스스로 자기 조절을 배우도록 도와주어야 합니다.

아이가 스스로 선택한 활동을 전이활동으로 놀이처럼 할 수 있도록 계획합니다.
- 손이나 팔 등을 자극이 될 정도로만 잡는다. / 어깨나 등, 무릎 등을 두드린다. / 머리를 손가락으로 마사지한다.

타입1. 활발하게 움직이는 아이

- 뛰어 돌아다니기, 점핑하거나, 침착성 없이 돌아다닌다.
- 높은 곳에 올라가서 뛰어내리기, 빙글빙글 돌기를 반복한다.

타입2. 별로 움직이고 싶지 않는 아이

- 실내에 누워서 데굴데굴하고 있는 경우가 많다.
- 실외놀이를 권유해도 싫어한다.
- 움직이는 것을 귀찮아하고, 금방 피곤하다고 말한다.
- 휴식영역에서 하루 종일 보낸다.

▶ 교사의 역할: 실내에서 즐기는 감각놀이

타입1, 2 아이 모두가 어떤 감각을 원하고 있는지를 이해하고 그 감각을 만족할 수 있는 놀이를 계획하는 것이 중요합니다. **활발하게 움직이는 아이의 욕구로서,**
① "감촉을 즐기고 싶다"
② "빙글빙글 돌고 싶다"
③ "꽉 몸에 힘을 주고 싶다"라는 이해하고, 그 욕구에 맞는 환경을 준비해주어야 합니다.

또, 별로 움직이고 싶지 않은 아이에게는, 촉각을 이용한 다양한 놀이 즉,
① "보고"
② "만지고"
③ "즐기는 감각"을 자연스럽게 받아들여 질 수 있도록 환경을 준비해 주어야 합니다.

이러한 감각을 만족시키는 놀이는 특별한 준비가 없어도 시간과 공간의 특별한 제한없이 움직임을 통한 감각놀이를 하게 함으로써 활발하게 움직이고 싶은 아이의 욕구도 충족할 수 있으며, 별로 움직이고 싶지 않은 아이의 욕구를 충족할 수 있는 놀이를 몇 가지 소개하면 다음과 같습니다.

[표 6] 실내에서 즐기는 감각놀이

NO	활동명	놀이종류 및 방법
1	만지작 촉각놀이	• 사용하는 물건의 감촉을 즐기는 놀이 - 꽉 힘을 넣어서 잡는 감촉도 좋아하기 때문에 힘을 주어서 잡아도 괜찮은 물건을 준비하도록 한다. • 준비물: 찰흙, 점토, 액체괴물, 핑거페인팅 등
2	보고 즐기는 놀이, 굴리기 놀이, 허리돌리기 놀이	• 풍선이 둥실둥실 떠오는 놀이 • 비누방울이 반짝반짝 날아가는 모습을 즐기는 놀이 • 비누방울을 손으로 잡아서 터트리는 놀이 • 풍선을 부채로 치거나 부채질하고 날아가게 하는 놀이 • 훌라후프를 허리에 돌리는 놀이 • 훌라후프 굴리는 것을 보고 즐기는 놀이 • 준비물: 풍선, 비누방울, 훌라후프 등
3	철봉 매달리기 놀이	• 철봉 매달리기 놀이 - 양팔로 매달리면 온 몸에 힘이 들어가서 기분이 좋아지는 것을 느낀다. • 철봉 앞구르기 놀이 - 앞뒤로 빙글빙글 돌고 싶은 욕구를 만족할 수 있다.

NO	활동명	놀이종류 및 방법
4	하이파이브 놀이 (한 손 or 양손 등), 양손 터치놀이	• 어른이 내미는 손에 아이가 타이밍에 맞게 한 손바닥 또는 양 손바닥을 맞추는 놀이(한손 하이파이브, 양손 하이파이브 등 - 연령에 따라 높이조절) - 내미는 손의 위치 변화, 리듬을 변화시켜서… • "아침 바람 찬바람에" 리듬에 맞추어 양손을 교대로 맞추는 놀이
5	마주보고 걷는 놀이	• 아이를 어른 발 등위에 오르게 한 후 걷는 놀이 • 어른 발 등위에 오르게 한 후 앞, 뒤, 옆으로 이동하는 놀이 • 어른과 함께 리듬에 맞추어 몸을 움직이는 놀이 • 어른과 함께 손을 잡거나, 신체를 밀착해서 함께 몸을 움직이는 놀이 - 만지고, 돌고, 신체의 밖에서 힘이 들어가는 놀이 등 어른이 조정하면서 아이 스스로 감각을 즐기도록 한다.

NO	활동명	놀이종류 및 방법
6	양손 잡고 도는 놀이	• 양손을 잡아 노래나 리듬에 맞추어 움직이는 놀이 - 원 안을 보고 손잡기 or 손 놓기 놀이를 반복한다. • 친구의 손을 양쪽으로 잡고 달팽이집 노래에 맞추어 점점 크게 or 점점 작게 등 신체를 이용한 놀이를 한다(3명이상).
7	흔들흔들 놀이	• 공위에 앉아서 흔들흔들 놀이 • 공위를 뛰는 놀이(안전을 고려하여 어른의 손을 잡고 뛰는 놀이를 유도한다) • 다른 사람의 몸을 공으로 누르는 놀이 - 공으로 몸을 누르는 놀이를 좋아한다. 이때 얼굴부분은 가리지 않도록 안전약속을 놀이 전에 안내한다.
8	구르기 놀이	• 매트 위에서 데굴데굴 옆으로 구르는 놀이 • 앞구르기 놀이 • 매트 위에서 회전 자극을 즐기는 놀이 • 쿠션으로 눌러서 꽉 안아주는 놀이 - 외부에서 힘이 들어오는 감각을 좋아하는 아이들을 위한 놀이로 꽉 안아서 쿠션을 누르는 감각 놀이를 즐긴다.

4. 부모 지원 TIP

취학 준비를 시작하는 부모는 물론 미취학 부모에게도 "이야기를 듣는 힘"의 필요성은 얼마나 중요한지 모두 다 절실할 것입니다. 그러므로 가정에서 할 수 있는 방법을 실천해봅시다.

가장 쉬운 방법은 심부름을 시키는 활동입니다. 예를 들어 "선풍기 리모콘 가져오세요", "냉장고에 가서 요쿠르트 가져오세요" 등 다양한 심부름 시키는 활동을 통해 "이야기를 듣는 힘"을 키울 수 있도록 도와주시기 바랍니다.

만약, 이야기를 집중하여 들을 수 없고 자세가 무너지기 쉬운 아이에게 심부름을 규칙적으로 시키기 위해서 시지각이나 자세유지를 연습하는 방법을 제안해보시기 바랍니다. 일상생활에서 할 수 있는 심부름이 놀이처럼 반복연습이 가능하도록 도와주시고, 심부름을 잘 실행한 경우에는 부모가 아이에게 꼭 "감사합니다" 또는 "고마워" 라는 말을 들려주셔서 아이가 기분좋은 상태가 유지될 수 있도록 도와주시기 바랍니다. 또는 미션수행을 심부름으로 정해보는 것도 좋은 방법입니다. 예를 들면, "집에 가서 아빠 어깨를 10번 주무르고 오세요", "퇴근하는 엄마에게 뽀뽀해 주세요" 등 심부름이나 미션을 통해 이야기를 집중해서 듣는 힘이 점점 더 향상될 수 있도록 실천해보시기 바랍니다.

만 3세반 어린이집에서의 사례

매일 아침 어린이집에서 네임카드 부르기는 '이야기를 듣는 힘'을 기르는 활동 중에 하나입니다. 친구들의 이름을 부르면 "네! 김미주 왔습니다"라고 대답하는 과정을 충분히 진행한 후 자신의 이름이 불리어지면 즉시 현재 감정, 좋아하는 놀이, 아침식사 메뉴 등을 관련지어 표현하는 활동을 해보았습니다.

감정 예: 신나는 정ㅇㅇ 왔습니다. 하수령 선생님을 사랑하는 류ㅇㅇ 왔습니다. 등

좋아하는 놀이 예: 공룡을 좋아하는 김ㅇㅇ 왔습니다. 빵을 좋아하는 김ㅇㅇ 왔습니다. 등

아침식사 메뉴 예: 밥과 쪽갈비와 김치를 먹고 온 김ㅇㅇ 왔습니다. 과자와 건강한 우유를 먹고 온 김ㅇㅇ 왔습니다.

감정, 놀이뿐만 아니라 먹은 음식을 감각적으로 기억하고 무엇을 먹었는지 생각하고 이야기를 듣고 말하는 힘을 키우면서 자신감을 가지고 적극적으로 반응하는 매일의 활동이 소소한 놀이로서 자리매김 되면서 이 작은 미션이 아이들의 듣는 힘을 향상시키고 있답니다.

만 3세반 경상남도청어린이집 하수령 선생님

[표 7] 가정에서 즐기는 감각놀이, 운동놀이

NO.	활동명	놀이 방법
1	세탁 집게 꽂기	• 자신의 키보다 약간 높은 위치로 팔을 뻗어서 빨래집게를 이용하여 양말 집는 꽂기 놀이
2	테이블, 창문닦기	• 테이블이나 창문을 상하, 좌우로 닦는 놀이 - 팔에 힘을 주고, 팔꿈치를 접고 펴기를 반복하면서 확실하게 깨끗이 닦을 때 그 때 눈으로 손의 동작을 추적하도록 한다(눈과 손의 협응).
3	옮기기	• 종이쓰레기(그림책)나 바구니에 들어 있는 장난감 등 양손으로 들고 옮기는 놀이 (무게감을 느낄 수 있을 정도의 중량을 제공) - 신체 중심(몸의 중심)을 느끼고, 균형을 유지하면서 걷는다.
4	바닥 닦기	• 복도 등 약간 거리가 있는 장소를 왔다갔다 상반신과 하반신을 균형있게 사용해서 닦는 청소놀이

제4장 각성레벨 시점[고유각·전정각]

1. 지원의 배경

　뇌가 깨어 있는 상태를 각성레벨(기분, 감정의 파동)이라고 말합니다. 우리들은 경우에 따라서 이 각성레벨을 조정하고 있습니다. 예를 들면 아이가 교사의 이야기를 들을 때는 의식을 교사에게 향하고, 주의를 지속하면서 듣기 위해 필요한 각성레벨을 만듭니다. 또한 침착한 뇌 상태로 조정하고 이야기에 집중해갑니다. 그러나 친구와 놀이 중에는 즐거운 기분이 유지되기 때문에 기분을 약간 UP시키는 상태가 됩니다. 이런 형식으로 기분이나 감정 파동 등을 무의식적으로 조절하고 있습니다만, 이 무의식적인 조절이 어렵고 경우에 맞는 각성레벨을 능숙하게 만들 수 없는 아이도 있습니다.

　들리는 음이나 눈에 보이는 감각자극을 적절하게 정량으로 받아들이지 못하고 과도하게 반응하거나 그 반대로 반응이 둔하게 되는 경우가 있습니다. 이때 들어오는 감각정보를 모두 받아들이는 아이는 강하고 변화가 심한 감각자극에 의해 각성레벨이 항상 높게 유지됩니다. 그러나 반대로 들어오는 감각정보를 너무 배제하는 아이는 필요한 감각자극이 부족하기 때문에 각성레벨이 떨어진 채로 있습니다. 그러므로 각성레벨은 너무 높아도 너무 낮아도 활동 중의 표현력이 나빠지게 됩니다. 본래 아이는 이 각성레벨이 경우에 따라 변화되고 있는 것입니다.

- 각성 레벨이 높을 때는 집중할 수 없고, 침착성도 없다.
- 각성레벨이 정상일 때는 집중력과 침착성이 있다.
- 각성레벨이 낮을 때는 반응이 둔하고, 기분상태도 좋지 않다. 그러므로 물건을 던지거나 미는 등의 행동을 나타낼 때가 많다.

2. 관찰된 아이의 모습

각성레벨의 시점에서 이들의 곤란한 모습은 "감정의 UP"을 조절할 수 없기 때문에 일어납니다. 어떤 잘못이나 사실 등을 깨달아 알거나 정신을 차리거나 주의깊게 살펴서 경계하는 태도 등이 나타납니다. 그룹 속에서 곤란한 모습을 하는 아이로서는, 크게 2가지 타입으로 나눌 수 있습니다. 제각각 특징적인 모습으로 관찰된 것과 그것에 적절한 대응 방법을 살펴보면 다음과 같습니다.

타입1. 멍하기 쉬운 아이

- 생활 리듬이 일정하지 않아 불안한 상태가 계속되고 있다(결석을 자주 하는 경우, 잠을 제때 자지 못한 경우 등).
- 무엇을 해야 할 때 그 상황에 맞는 활동을 전달해도, 행동으로 옮길 수 없다.
- 놀이를 하지 않고 멍하게 있거나, 힘없는 상태로 자신이 해야 할 일 즉 목적의식이 없는 상태로 걸어 다니고 있다.
- 신경이 쓰이는 모습이 보이지만, 교사에게 도움을 구하지 못한다.

▶ 교사의 역할1: 행동의 시작점을 신호로 알린다.

- 타이머를 세팅하여 "삐삐삐"라고 울리면 정리를 시작하거나, 종, 실로폰, 핸드벨 등 언어 이외의 신호로 알립니다.

▶ 교사의 역할2: 활동의 흐름 속에 연결점을 넣는다.
- 자유놀이 → 전이활동 → 바깥놀이 → 전이활동 → 손씻기 → 점심시간 → 양치시간 → 그림책 등

위의 예시처럼 활동의 중간에 연결점으로서의 놀이를 준비합니다. 연결점이 있는 것으로 활동의 마침이나 다음 활동의 시작에 대해 전달이 쉬워집니다.

▶ 교사의 역할3: 생활의 흐름을 일정한 시간으로 구분한다.
- 활동시간을 대충 1시간으로 연령에 따라 시간을 조절해서 맞추어봅니다. 그러면 아이 속에 체내 시계가 생기고, "슬슬 다음 활동시간이네"라고 감각적으로 행동의 마침이나 시작을 쉽게 알 수 있습니다.

타입2. 기분이 UP되기 쉬운 아이(흥분상태)

- 어린이집 생활에는 익숙하지만 어린이집에 처음 왔을 때와는 크게 변함이 없고 오히려 침착성이 없어지고 있다.
- 교실 안을 뛰어다니고, 교사의 허락 없이 교실에서 뛰쳐나오는 일도 있다.
- 침착성이 없는 행동을 멈추게 하면 초조해 한다.
- 흥분 상태가 잦고, 다른 사람의 이야기 듣는 것이 어렵다.
- 자기 욕구가 관철되지 않으면 상대를 때리거나 큰소리친다.

▶ **교사의 역할1: 진정할 수 있는 장소나 물건을 준비한다.**
- 마음이 편안한 장소(휴식영역 등 되도록 조용한 환경)와 장난감을 준비하고(가정에서 준비해 온 애착인형 등), 너무 흥분하기 전에 안정되게 지낼 수 있는 시간을 정기적으로 만들어주면 좋습니다. 그러나 아이에 대한 성인의 보호가 되지 않는 장소를 택하는 것은 금물입니다. 교사가 아이의 변화를 관찰할 수 있는 장소를 말합니다.

예시1: 조용한 영역에서 주위 자극을 차단하고 조용히 안정되게 퍼즐이나 손끝놀이를 할 수 있다.
예시2: 일단 교실을 나와서 친구들과의 분리가 필요한 경우(기물파손, 자해 등)에는 사무실이나 양호실, 원장실 등 침착할 수 있는 장소로 분리할 필요가 있을 때도 있다.
예시3: 교실의 휴식영역에서 편안하게 쉴 수 있는 공간에 좋아하는 책이나 교구를 준비해둔다.

▶ **교사의 역할2: 진정될 때까지 먼저 말을 거는 것은 최소한으로 줄인다. (많은 말을 하지 않도록 한다.)**
- 교사가 먼저 말을 거는 것도 각성레벨을 높이는 자극제가 됩니다. 아이가 침착하지 않은데 문득 많은 말을 해버리는 경우는 피해야 합니다. 그러므로 말을 거는 것은 되도록 줄이고, 잔잔하게, 차분히 조

용한 톤으로 아이의 이름부터 부른 후 반응을 기다립니다. 이때 큰 소리로 말을 많이 하는 것은 오히려 아이에게 독이 됩니다.

3. 보육교사 지원 TIP

적절한 각성레벨을 유지하기 위해서는 아이가 안심하고 생활할 수 있는 안정된 환경 만들기가 중요합니다. 주위에서 들어오는 감각정보를 교사가 조정하는 방법을 다음과 같이 실천해 보시기 바랍니다.

1) 자기 자리를 알기 쉽도록 사진을 붙여둔다.
   - 한 사람 한 사람의 앉는 자리와 공간을 확실히 알면, 친구와 부딪히지도 않고 불쾌한 감각이 들어가지 않기 때문에 안심하고 앉을 수 있다.
2) 그림카드를 개별적으로 준비한다.
   - 각성레벨이 너무 높거나 너무 낮을 때에는 지금 해야 하는 활동을 잊어버리게 되므로 아이가 다시 생각할 수 있는 그림 카드를 개별로 보여주거나 붙여두도록 한다.
3) 활동 전에 생각할 수 있도록 순서를 정해둔다.
   - 산책할 때 손을 잡는 친구와 이야기 나누기 시간에 옆에 앉는 친구 등 번호나 모둠이름의 순서를 정해둔다.
4) 정해서 순서를 알 수 있도록 제시한다.
   - 불안할수록 감각이 과민하게 된다. 그러므로 예상할 수 있으면 안심하게 되므로 과민함도 줄어든다.
5) 언어전달면에서도 미션을 준다.
   - 평소보다 곤란한 상황일 때는 전달할 수 없거나 욕구가 통하지 않을 때 상대를 때리는 신경이 쓰이는 행동의 배경에는 아이의 커뮤

니케이션면을 잘 살펴보아야 한다. 그 경우 전달하는 방법이나 도움을 구하는 방법을 교사가 들려주고 서로에게 전달할 수 있도록 대응방법을 알려준다.
6) 행동흐름을 보고 이해할 수 있는 카드를 준비한다.
- 정보가 필요한 만큼 정리하고 보육활동을 시작한다.
(정리할 수 있는 그림카드 준비) 여러 가지 장면을 준비하고 필요할 때마다 아이에게 보여준다.

4. 부모 지원 TIP

부모의 불안이 아이에게 그대로 전달되고, 악순환이 되는 경우도 많습니다. 다칠까봐 걱정하여 놀이를 제한시키거나 억압할 경우, 아이에게는 안심감보다는 불안감이 더욱 더 고조되어 안전에 노출될 우려가 높습니다. 그러므로 안심감을 주는 인적환경으로서 가장 중요한 사람은 엄마 or 주양육자임을 잊어서는 안 됩니다. 이러한 관계성의 중요함을 가정과 연계해 보시기 바랍니다.

1) 어린이집 생활에 적응이 느린 아이

각성레벨의 시점에서 보면, 어린이집 생활을 시작하고 함께 왔던 친구들은 적응이 다 되었는데도 1~2명의 아이가 좀처럼 익숙하게 생활하지 못하는 경우에 부모의 불안도 함께 누적됩니다. 그럴 때는 큰 집단에서 본래 자기 가능성만큼의 힘을 발휘하기까지 시간이 걸리는 아이도 있습니다. 부모의 불안요소가 크거나 상호작용에서 부정적인 정서를 수용한 상호작용이 많은 경우 적응능력에 걸림돌이 생길 수도 있다는 점을 부모에게 전달해 주는 것이 바람직합니다.

그리고 가정과의 환경차이에서 정보를 받아들이는 방법이나 각성레벨(기분의 파동)을 사용하기 어려운 상태도 생길 수 있으나 적응이 늦다는 것은 완벽함을 추구하고자 하는 경향성을 가진 것이므로 믿고 기다리는 부모님의 태도와 표정이 중요함을 일깨워 주시기 바랍니다. 이러한 상황을 와이파이의 전파상황과 비슷한 원리라고 설명하시면 이해가 빠를 수 있습니다.

집에서는 괜찮은데도 어린이집에서는 적응을 잘하지 못하는 아이는 전파의 수신 강도에 변화가 있다는 것을 나타내므로 장소에 따라 연결되거나 연결이 되지 않는 등 즉 할 수 있거나 할 수 없는 상태라는 것을 이해하면 됩니다. 어린이집은 집보다는 소란하고 많은 전파가 날아다니는 장소이므로 필요한 정보를 잘 받을 수 없습니다. 또는 전파를 받아도 뇌 속에서 전파가 혼란스러워 연결이 잘 되지 않는 경우가 있습니다. 그러나 집에서는 수신강도가 매우 좋기 때문에 어린이집에서의 모습과는 상상할 수 없으므로 부모도 당황해버리는 경우도 있습니다.

이러한 수신 상황에 대해서 전달할 때 앞으로 예측되는 환경과 흡수할 수 있는 발신 방법을 만들 수 있는 인적환경과 물리적 환경 그리고 아이 스스로가 수신하는 노하우를 잘 찾을 수 있도록 일관된 하루 일과를 계획하고, 만약 변경을 해야 할 경우에는 사전에 안내를 하여 아이 스스로 방향잡기가 가능하도록 부모에게 전달해야 합니다.

조금 나쁜 전파 장소라도 스스로 연결하려는 의지력을 만들어 가는 과정에 부모가 과잉보호하거나 모든 활동을 부모가 다 해 줘버리는 경우 아무리 좋은 전파(적응에 필요한 교사와의 안정애착)가 수신되더라도 부모의 방해가 아이의 의지를 꺾어버릴 수 있다는 것을 충분히 설명해 드리는 것이 필요합니다.

각성레벨을 안정시키기 위해서는 안정된 시간을 충분히 가지는 것이 중요하기 때문에 가정에서는 다음 세 가지를 신경 써달라고 요구하면 좋습니다.

① 마음을 다해 스킨십을 많이 해 주세요(장난하듯이 하면 오히려 불쾌해 할 수 있다).
② 아이에게 차분하게 접근한 후 잔잔한 목소리로 상호작용을 시작해 주세요(마음읽기로부터 시작)
③ 촉각을 이용한 탐색놀이를 다양하게 제공해주세요(물, 비누, 부드러운 식감, 딱딱한 식감, 마른국수, 젖은 국수, 부드러운 모래, 거칠은 모래, 끈적끈적한 느낌이 나는 다양한 촉각용품 등)

다음 CCQ에 대한 이야기를 알림장에 작성하거나, 부모교육에서 전달하고 연습하는 시간을 가져보는 것도 좋습니다. 그 중 대표적인 것으로 CCQ를 통해 아이에게 안심감을 주는 상호작용 접근법 연습을 하는 시간을 가져보는 것도 좋습니다. 특히 부모 스스로 마음의 여유가 없거나 분노를 잘 다스리지 못하는 스타일은 이 CCQ를 마음속으로 반복하면서 각성레벨을 조절하시는 모습을 보여주는 것부터 시작한다면 아이의 적응은 아무 문제가 되지 않습니다.

[표 8] CCQ 상호작용 접근법
아이에게 안심감을 주는 상호작용 접근법

C	Calm	마음을	차분하게	마음을 차분하게 하고 친근하게 다가가서 목소리 톤을 낮게 조용히 상호작용해 주세요.
C	Close	친근하게	다가간다.	
Q	Quiet	목소리 톤을	조용히	

2) 활발하게 움직이는 아이와 움직이지 않으려는 아이

실내에서 활발하게 돌아다니는 아이가 있으면 다른 아이와 부딪히는 위험도도 높고, 부모는 마음을 놓을 수가 없습니다. 반대로 움직이는 것을 귀찮아하는 아이도 있어서 그것이 신경이 쓰이기도 합니다.

① 신체인식과 관계하는 고유각
고유각은 인대 내의 수용기(신경)에 의한 근육으로 인대, 관절부 긴장의 변화를 지각하는 감각입니다. 사람들이 자주 의식하지 않고 크게 의존하는 감각으로 몸의 여러 가지 부위에 무의식적으로 위치하므로 자각하기 어려우나, 눈을 감고 있으면 관절의 움직임은 느낄 수 있는 감각입니다. 심부감각과 동일한 뜻으로 여러 자세가 운동에 관한 정보를 뇌에 전달합니다. 근긴장이 낮으면 고유감각을 느끼기 어려우므로, 근육의 수축 정도를 의식하면서 인대를 사용하는 감각을 인식하도록 합니다.

② 중력과 관계하는 전정각
아이를 높이 들어 올리거나, 안아서 흔들거나, 돌리거나 등의 움직임, 회전 놀이기구, 그네, 미끄럼틀, 트램플린, 회전이나 점프 할 때 높은 곳에서 뛰어내리는 움직임을 조정합니다. 자기수용기(고유 반사에서, 반사를 일으키는 자극을 받아들이는 기관)를 통하여 이루어지는 감각으로, 이 감각에 의하여 자기 몸의 위치와 자세, 운동 상태 등을 알 수 있습니다. 중력, 회전 또는 가속도를 느끼는 감각입니다. 그러므로 각성의 조정이 일어나고, 강한 전정감각은 뇌를 일깨우고 잔잔한 전정감각은 뇌를 침착하게 합니다. 근 긴장의 조정과 중력을 느끼며 자세를 유지하기 위해 필요한 근육의 근긴장을 높입니다.

③ 고유각과 전정각의 시점

양극단으로 보이는 아이들이지만, 실제로는 신체(몸)의 안쪽 감각에 편향(예민하거나 둔하거나)된 공통적인 배경이 있으나, 양극단으로 나타나는 현상이 다릅니다. 그것을 이해하는 것이 고유각과 전정각의 시점입니다. 익숙하지 않는 말이지만 발달지원에 있어서는 아주 중요한 시점이 됩니다.

타입1. 다른 사람이 나를 만지는 것(스킨십)을 싫어하는 아이

- 다른 사람이 자기를 만지는 것을 싫어한다.
- 안아주면, 뺏댄다.
- 기저귀 교환을 싫어해서 운다.

부모의 역할: 아이가 좋아하는 감각을 찾는다.

다른 사람이 나를 만지는 것을 싫어해도, 부위에 따라서는 괜찮은 부위가 있을지도 모릅니다. 또, 직접 만지는 것이 어려우면 포송포송한 담요로 싼 후 안아봅니다. 어부바가 괜찮다면 거기서부터 접촉을 시작해 보는 등 다른 사람이 접촉하는 것에 익숙해질 수 있도록 도와주어야 합니다.

기저귀를 교환할 때는, 갑자기 감각이 바뀌기 때문에 수건으로 허리 주위를 싸두고, 어른의 손을 따뜻하게 해두는 등의 노력을 합니다(차가운 것에 거부감을 느껴 울음으로 나타낸다). - 계절과 관계있는지 알아보도록 합니다.

타입2. 움직임이나 자세가 신경이 쓰이는 아이

- 목에 힘이 없다(안정감이 없이 보인다).
- 엎드리기가 좀처럼 쉽지 않다.
- 앉을 때 등이 굽어서 자세를 유지할 수 없다(의식과 관계된다).

- 어부바를 하면 힘을 주지 않아서 잘 업을 수가 없다.
- 안아주기를 하면 힘을 주지 않아서 잘 안기가 어렵다
- 몸을 움직이는 것이 자연스럽지 않고 일상생활 동작을 잘 할 수 없다.

부모의 역할

: 어깨와 허리를 움직이는 놀이를 매일 생활 속에서 보여주고 해 보게 한다.

이 시기에 신체기능발달에는, 어깨와 허리의 움직임이 중요하다. 자유롭게 유연하게 움직일 수 있는 운동을 다양하게 제공해 줍니다(예시: 흔들고 흔들고 굴리고 - 공놀이).

어깨운동

: 누워있는 상태에서 장난감 등 흥미를 가진 물건을 아이 위에 바로 팔과 손을 펼 수 있도록 유도합니다. 그 다음에, 좌우, 상하로 장난감을 움직입니다. 아이가 어깨를 사용하고 팔과 손을 움직일 수 있도록 하는 것이 포인트. 어깨 관절에 힘이 너무 들어가지 않도록 주의합니다.

허리운동

: 누워있는 상태에서 양쪽다리부터 엉덩이를 가볍게 들어올리고, 몸 전체를 기분 좋은 리듬으로 좌우로 흔들어줍니다. 공복시, 만복시, 잠잘 때는 피하고, 20회 정도를 기준으로 합니다. **허리부터 척추까지 기분 좋은 자극을 줍니다.**

타입3. 어른과의 주고받기가 안되거나 힘든 아이

- 시선을 맞추기 어렵다.
- 이름을 불러도 대답을 하지 않는다.
- 혼자서 먹먹하게 놀고 있다.
- 표정이 거의 없다.

부모의 역할: 주고받기 놀이를 꾸준히 진행한다.

시선을 맞추면 즐거운 일이 일어나는 것과 연결되는 놀이를 함께 합니다. 대표적인 놀이로 풍선놀이를 예를 들 수 있습니다. 풍선놀이를 할 때 보통 풍선을 부는 놀이도 좋지만, 불은 풍선이 천천히 돌면서 공기가 빠져나가는 풍선이 놀이를 합니다(공기가 천천히 빠져나가는 풍선을 시각적으로 추적하는 놀이).

① 부모는 아이가 보고 있는 것을 확인하고 나서 풍선을 부풀린다.
　지익(의태어): 아이가 풍선이 부풀어지는 것을 본다.
　부우(의성어): 어른이 부는 소리
　부풀어가는 상태를 흥미 깊게 보고 있는지 확인한다.
② 불은 풍선을 날려 보냅니다. 아이는 그 움직임을 즐겁게 눈으로 주시합니다(쫓아간다). 속도가 빨라서 쫓아가지 못하는 경우에도 떨어지는 장소를 확인할 수 있도록 어른이 손으로 가리킵니다.
③ 아이가 스스로 풍선을 주우러 갑니다. 가지 않는 경우는 "주워오세요"라고 전하고, 그래도 움직이지 않는 경우에는 어른이 줍는 모습을 보여주고 주울 수 있도록 기회를 줍니다.
④ 아이는 스스로 풍선을 부풀리려고 하지만, 풍선바람 넣기는 쉽지 않습니다. 이 놀이가 재미있으면 반드시 어른에게 "불어주세요"라는 뜻으로 풍선을 내밀고 손을 내밀기 때문에 그 때 시선을 맞추

어서 눈이 마주치는 순간에 어른이 풍선을 불어줍니다. ①~④를 반복해서 놀이합니다.

Q. 0~2세는 어떤 활동을 도와주어야 하나요?

A. 촉각 발달을 재촉할 수 있는 활동이 중요합니다. 구체적으로 살펴보면 다음과 같습니다.

0~2세아는 애착형성에 있어서도 스킨십이 중요한 시기이지만, 다른 사람이 만지는 것을 좋아하지 않거나 때로는 싫어하는 아이가 있습니다. 이것은 촉각의 발달이 크게 관계하고 있음을 알 수 있습니다(촉각 거부 반응). 촉각의 역할에는 원시적인 역할과 식별적인 역할 2가지가 있습니다. "그 물건이 안전한지 아닌지를 판단할 때는 원시적인 역할"을 "만져지는 물건이 무엇인지 판단할 때는 식별적인 역할"이 작용하고 있습니다.

갓난 아이 때에는 원시적인 역할이 우위이고, 그 다음 만져지는 물건은 본능적으로 안전 또는 위험이라고 판단합니다. 아이에 따라서는 엄마의 유방 이외에는 다 위험하다고 판단해버리는 경우도 있습니다.

성장과 함께 만지는 느낌에 따라, 딱딱하다, 따뜻하다, 부드럽다 등의 식별이 가능하게 되어, "딱딱한 것은 위험하지만, 뽀송뽀송한 것은 안전해" 등으로 이해할 수 있게 됩니다. 그렇게 되면 원시적인 역할보다 식별적인 역할이 우위가 되고 만져지는 물건에 대한 불안은 경감하게 됩니다. 그러나 이 식별적인 역할이 길러지지 않았거나 원시적인 역할이 너무 강한 상태가 계속되면 언제까지나 엄마의 유방 이외에는 위험하고 불쾌한 물건이라고 이해하게 되는 것입니다.

타입1. 손과 손가락 동작이 자연스럽지 않은 아이

- 숟가락보다는 손으로 잡아서 먹는 경우가 많다.
- 숟가락으로 잘 뜰 수 없다.
- 나무 쌓기나 끈 꿰기 등 손끝을 사용하는 놀이를 잘 못한다.

부모의 역할

: 손의 완화(급박하거나 긴장된 상태를 부드럽게 누그러뜨림), 손과 손가락 동작이 자연스럽지 않은 아이에게는 마사지로 손을 부드럽게 풀어줍니다.

- ■ 손바닥

  ① 아이는 손을 펴서, 어른이 양손으로 그 손을 잡고, 손바닥에 좌우의 엄지손가락을 맞대고, 손바닥이 기분 좋게 펼 수 있도록 엄지손가락을 좌우로 움직이면서 마사지합니다.

  ② 그 다음에, 위에서 아래로 마사지합니다. 그때, 아이의 엄지손가락이 확실히 바깥쪽으로 펼 수 있도록 의식을 합니다.

  ③ 그 후, 아이의 손을 주먹 쥐게 합니다. 그 때 엄지가 바깥쪽으로 되도록 합니다.

  ※ 아이의 엄지가 딱딱하고 안쪽으로 들어가면, 손가락을 잘 사용할 수 없습니다. 그러므로 엄지의 사용유무를 잘 관찰하시기 바랍니다.

- ■ 손목(손목 돌리는 놀이 필요)

  ① 아이는 엄지와 검지로 동그라미를 만듭니다.

  ② 아이의 상태를 보면서 손목을 구부리도록 보여줍니다.

③ 데굴데굴 손목을 회전시킵니다.
④ 속도를 천천히 or 빨리 조절하면서 ①~③의 동작을 합니다.

부모의 역할
: 손과 손가락을 사용하는 놀이를 매일 계획하고 실행하기 위해 손과 손가락을 사용하고 노는 장난감을 다양하게 준비해둡니다.
: 빨래집게를 집고 빼는 놀이
: 손끝을 많이 사용하는 놀이
: 나무 막대기에 목재 구슬을 끼우는 놀이(막대기가 단단하기 때문에 끈으로 끼우는 것보다 쉽게 할 수 있다.- 수직봉, 수평봉)
: 사과에 붙어 있는 고리를 단추에 끼우거나 빼거나 하고 노는 장난감 (단추, 지퍼, 찍찍이 등)을 낮은 위치에 비치해 두고, 항상 놀이가 가능한 환경을 만들어 줍니다.

타입2. 언어 이해력이 느린 아이

- 이야기를 할 때 눈을 보지 않는다.
- 이야기를 별로 들으려고 하지 않는다.
- 어른의 지시를 좀처럼 이해하기 어렵다.

부모의 역할
: 이 시기, "추우니까 윗옷을 입고 바깥놀이 가자" 또는 "신발을 벗기 전에 할아버지께 인사해요" 등 2가지 내용이 들어가는 지시를 이해하고 행동할 수 있어야 합니다. 그러나 2가지 질문에 대해서 좀처럼 이해하기 어렵습니다.

타입3. 표현 언어가 안되거나 말수가 적은 아이

- 의미 있는 말이 별로 없다(나오지 않는다).
- 말수가 적다라는 인상을 풍긴다.

※ 10~18개월에 '엄마' 라는 한 단어 사용 후 엄마, 아빠, 붕붕, 까까 등 두 단어의 결합 사용하게 됩니다. 18개월의 어휘 수는 보통 50개 전후, 24개월에는 약 300개 전후, 36개월에는 1,000개 전후, 48개월에는 무려 3,000개 전후의 단어를 사용하면서 폭발적으로 어휘수가 증가합니다. 이때 청각적인 기억을 증가시켜주는 오디오는 텔레비전이나 스마트폰과는 다르게 언어발달에 긍정적인 영향을 줍니다.

※ 세계보건기구(WHO)에 따르면 어린이의 스마트폰 사용 가이드라인은 2~4세 어린이는 하루 1시간 이상 스마트폰 등 전자기기 화면을 지속해서 보게 하면 안 된다고 합니다. 즉, 1세 이하는 전자기기 화면에 노출되는 일이 없도록 해야 한다는 것입니다. 어린이들이 화면에 노출되는 시간에 포함되는 것은 스마트폰뿐만 아니라 TV와 게임기 사용시간도 해당됩니다. 어릴 때 형성되는 습관은 유년기와 청소년기, 성인기의 습관과도 연관된다고 합니다.

부모의 역할

: 이해할 수 있는 말을 조금씩 늘려갑니다. 이해할 수 있는 말이 늘어나고 "말하고 싶다" 라는 자신이 생기면 표현 언어는 늘어납니다. 그 다음은 어른이 모델링을 해 보여주는 것으로 말과 이미지를 일치시키는 것이 중요합니다. 이미지화가 어려운 아이의 경우에는 그림이나 사진 카드를 보여주면서 말로 전하는 방법도 좋습니다. 카드는 주위에 있는 물건부터 준비하고 하나하나 말만으로 이해할 수 있는지를 확인합니다.

※ 온화한 시선, 다정한 표정, 흥미를 향한 방향 등은 공감성 발육(신체나 정신 따위가 발달하여 점차로 크게 자람)을 촉진합니다. 그러나 강한 시선과 표정 그리고 짜증 섞인 잔소리 등은 공감성 발육에 방해요소가 된다는 부분도 꼭 기억해 두시기 바랍니다. 특히 아침 등원시간만큼은 아이에게 최대한 공감해주신다면 하루 종일 어린이집의 생활에 아주 좋은 영향을 미칠 수 있습니다.

타입4. 또래와의 관계가 힘든 아이

- 별로 친구와 접촉하지 않고(관계를 가지지 않고), 혼자놀이가 많다.
- 언어 외에 커뮤니케이션, 시선, 표정이나 동작 등으로 통할 수 있는 느낌이 없다.
- 기쁜 마음이나 흥미를 서로 이해하려고 하는 공감성이 부족하다.

부모의 역할

: 장난감을 매개체로 주고받기 놀이를 하면 좋습니다. 친구와의 관계를 연결하기 위해, 우선 부모와 1대 1로 좋아하는 장난감을 중간에 세워서 주고받기를 합니다. 이 놀이를 친구와 함께 해 봅시다. 그 중에서 자연스럽게 즐거운 마음을 공유하거나 친구와도 시선을 잘 맞추면서 주고받기를 잘 하는 것을 볼 수 있을 것입니다. 부모와 그 아이를 중심으로 친구도 함께 놉니다. 그리고 같은 패턴으로 반복하고 놀이하도록 시간을 충분히 준비해줍니다.

Q. 앉아있어도 자세유지가 힘들고, 몇 번 주의해도 조절이 되지 않고 특히 식사 중에 더 심한 아이는 무엇부터 도와주어야 하나요?

A. 의자상태부터 확인해 보시기 바랍니다.

자세를 유지하기 위해서는 신체의 중심을 의식하는 것과 적절하게 근육에 힘을 넣어서 유지하는 것이 필요합니다. 유지가 잘 되지 않는 경우 의자를 잘 선택해야 합니다. 우선, 아이의 다리가 바닥에 확실히 닿는 높이의 의자를 제공해주고, 앉는 높이가 높다면 바닥면을 올리거나 바다에 받침대를 설치해주면 좋습니다. 그리고 등받침이나 앉는 엉덩이자리에 쿠션이나 방석 등을 넣어줍니다. 엉덩이나 등이 닿아서 느끼는 감각으로 감각이 들어가기 어려운 둔한 타입의 아이도 자기 몸의 상태를 쉽게 의식할 수 있게 되고, 자세유지가 가능해지도록 연결됩니다. 그러나 의자가 없는 경우에는 바닥에 앉은 자세를 할 때 허리와 척추를 세워서 바르게 앉을 수 있도록 어른의 모범이 필요합니다. 그리고 허리가 무너질 때는 등 아래에서 등 위로 손으로 쭉 밀어주시면서 허리를 바르게 세워 보자라고 상호작용 해 주시면 아이의 등은 바르게 펴지게 됩니다. 반복적으로 아이가 스스로 인식될 때까지 어른이 신경써주는 것이 중요합니다.

동그라미 1. 등받침에 확실히 등이 닿도록 쿠션 등을 부착한다.
동그라미 2. 엉덩이가 확실히 밀착할 수 있도록 방석을 깔면 좋다.
동그라미 3. 매트 또는 받침대 등으로 다리가 바닥에 닿는 높이로 조절한다.

만 5세반 어린이집에서의 사례

　신학기에는 교실이 바뀌어 의자 사용을 처음해 보는 만 5세 친구들에게 의자에 바르게 앉고 일어서는 교수법을 소개합니다. 교사가 시범을 하는 동안 "선생님 그런데 꼭 손을 그렇게 해서 잡아야 해요?"라며 교사의 교수법 제공 동작에 대해 의문을 가지고 질문합니다. 자신이 직접 활동을 경험하는 동안 의자에 발과 무릎이 반복적으로 부딪히자 교사를 바라보며 "아야~~ 나는 선생님이 보여주신 대로 했는데 왜 자꾸 부딪히지!!"라고 말하며 움직임의 조정이 잘 되지 않음을 스스로 느낍니다. 또 다른 친구는 한쪽 다리를 올리고 허리를 앞으로 기울인 채 교사를 응시하고 있습니다. 오른쪽 옆에 있던 ○○이가 "잘 안보여 뒤로 와"라고 하자 ○○이를 바라보며 눈을 흘기고 친구의 몸에 손을 댄 후 미는 동작을 합니다. 교사가 "□□이와 ○○이가 문제해결이 된 후 시범을 보여주고 싶은데 조금만 더 기다릴까?"라고 안내하자 "아니요 해결했어요"라며 □□가 허리를 세우고 바르게 앉습니다. 자신이 직접 활동을 경험하는 동안 의자를 잡는 손의 방향이 안내한 방법과 180°정도 방향을 바꾸어 잡으려고 하나 불편함을 스스로 알아차리고 손의 방향을 바꾸어 잡는 동작을 반복합니다.

　이처럼 의자에 바르게 앉고 일어서는 법을 익히는 것뿐만 아니라 동작의 조정, 독립심, 집중력 기르기, 질서감의 내면화 등을 향상시키는 일상생활에서의 필요한 활동이 되어서 이야기 나누기 시간에 의자에 앉아 허리를 바르게 펴고 의식적으로 집중하여 듣는 시간이 점점 길어지고 있습니다.

만 5세반 경상남도청어린이집 이정란 선생님

5

부적응 행동의 배경 및 발달지원 참고서

　지금, "여기서", "보이는", 신경이 쓰이는 것뿐만 아니라, 지금까지 부적응 행동에 도달하는 시간의 흐름 속, 어린이집과 가정 이외의 장면이나 자기 자신 이외의 사람과의 관계 속 특히 일상생활을 중심으로 나타나는 대표적인 3가지(관계맺기, 식사 중 걸림돌, 몸치장 등)를 중심으로 도와주는 발달지원 놀이 참고서입니다.

아이의 우아한 외침을 알아차리고, 그 아이의 내면세계를 어떤 방법으로 수준을 업그레이드시켜 줄 것인가? 또한 그 수준 향상을 위한 노력으로 무엇을 하면 좋을까? 라고 고민하는 교사가 많습니다. 여러 가지 지식이나 기술은 필요합니다. 하지만 그 이전에 중요한 것은 아이를 바로 알고, 이해하는 노력이 더 중요합니다. "아이를 이해한다"라고 해도 언행 등(현상적인 면-외적으로 나타나는 면)만으로는 그 아이의 본질에는 다가갈 수 없습니다.

실제 사례　만 3세 담임교사 이야기

맞벌이가정으로 조부모님께서 아이를 양육하고 계십니다. 기저귀를 차고 있습니다. 기저귀에도 소변을 보고, 변기에도 소변과 대변을 함께 봅니다. 그래서 30분마다 화장실을 데리고 가는데 화장실 소리에 굉장히 예민해하고 싫어해서 어떻게 지도해야 할까요? 또한 이유없이 깨물기를 자주 하고 친구의 놀잇감을 뺏고 던지는 등 공격적인 행동을 보여서 자신도 모르게 늘 긴장하고 있습니다. 늘 같은 놀이패턴을 보이며, 바닥에 보이는 밥풀, 스티커, 미술재료, 테이프 등등 자꾸 입에 넣습니다. 건강하고 안전한 보육을 위해 학부모님과도 관찰을 토대로 면담을 진행하고 있으나, 별일 아닌듯한 말을 할 때가 많아서 허탈감을 느낍니다. 어떻게 해야 할까요? 잘 해내고 싶은데 많이 답답합니다.

실제 사례   만 2세 담임교사 이야기

직무교육 강의 너무너무 잘 들었습니다.^^ 원장님 강의는 들을 때마다 뭔가 '열심히 해보고 싶다'라는 의욕을 돋게 하는 계기가 되어줍니다.

다름이 아니라 제가 돌보고 있는 31개월 남아 자폐스팩트럼 장애를 가진 아이에게 교사로서 제가 해줄 수 있는 것들이 뭔지… 정보를 도움받고 싶습니다. 1:1전담 보육을 하고 있는 상황이라서 아이에게 뭔가 더 마음이 가고 진심으로 예쁩니다.

책을 찾아보고 정보를 찾아서 머리로는 알아도 몸으로 실천하는 게 쉽지는 않습니다. 교사와 어머님이 함께 나눌 수 있는 보육tip을 부탁드려봅니다.

실제 사례   학부모님 상담 사례

1. 우리 아이는 왜 집에만 가면 큰 소리로 울어대고, 그치지 않을까요?" 그 소리에 머리가 아프고 짜증이 나요~

2. 아침에 등원하려고만 하면 어린이집에 가기 싫다고 하는데 왜 그럴까요?

3. "고집이 세고, 시도 때도 없이 떼를 쓰는데… 도저히 말릴 수가 없어요. 떼쓰는 버릇을 어떻게 해야 고칠 수 있을까요?

4. 무조건 소리 지르고 먼저 울면서 그치지 않아요. 너무 힘들어요.

5. 도대체 잠을 자려고 하지 않아요. 돌아다니고, 노래 부르고, 새벽이 되어서야 겨우 잠이 들어요. 왜 그럴까요? 낮잠을 재우지 않아야 될까요?

이토록 실제 보육현장과 가정은 녹녹치 않습니다. 발달이 미숙하거나 걸림돌이 있는 아이들의 내면세계를 알아가는 것이 쉽지 않음을 위 사례를 통해 알 수 있습니다. 아이의 신경 쓰이는 행동을 관찰해보면, 더 멀리 더 깊이 숨어있기 때문에 육안으로 알아차릴 수 있는 것도 한계가 있습니다. 이러한 현상들이 축적되어 未(미)학습이나 誤(오)학습 등의 장벽으로 자리매김됩니다. 특히, 학부모님의 적극적인 도움 없이는 이 장벽을 무너뜨리기에는 역부족입니다. 즉 적기에 개입이 되지 않아 표면적인 현상만으로 판단하게 될 때 그 아이의 부적응 행동에 대한 오해는 커지고 적절한 관계맺기도 어려워져 버립니다.

중요한 것은 "지금", "여기서", "보이는", 신경 쓰이는 것뿐만 아니라, 지금까지 부적응 행동에 도달하는 시간의 흐름 속, 어린이집과 가정 이외의 장면이나 자기 자신 이외의 사람과의 관계 속에서는 어떤지? 라고 하는 시점을 알아야 합니다. 특히 일상생활을 중심으로 나타나는 대표적인 3가지(관계맺기, 식사할 때 걸림돌, 몸치장 등)를 중심으로 참고하면 좋습니다.

어린이집은 아이의 적응문제나 가족이 당면한 문제를 영유아 관찰, 개별면담 등을 통해 파악하고, 관찰된 사실 그대로를 안내하는 것이 필요합니다. 가족들의 일관성 없는 양육 또는 갈등문제로 부적응, 발달의 퇴행, 발달의 지연 등이 지속될 경우 4, 5부의 내용을 참고해서 지도해 본 후 약간의 변화라도 없다면, 지역사회 전문가들(의사, 발달지원전문가, 임상심리사, 발달상담사, 치료사 등)의 적극적인 도움을 받아야 합니다.

제1장 또래와 관계맺기가 어려운 아이

● 관찰을 통해 발달이 신경 쓰이는 아이들의 현상

- "까꿍" 해도 표정이 빈약하다.
- 울 때 달래어도 반응이 약하다.
- 부모와 헤어질 때 울지도 않는다.
- 부모를 뒤따라가지도 않는다.
- 앉히면 그냥 그대로 반응이 없이 앉아 있다.
- 안거나 어부바 하기가 어렵다.
- 안거나 어부바 할 때 꽉 잡고 있지 못한다.
- 넘어져서 몸이 부딪혀도 아프다고 표현하지 않거나 울지도 않는다.
- 장난감 놀이에 대한 반응이 약하고, 주변에 흥미가 없다.
- 낮잠 후 깨우면 언제까지도 멍하니 있다.
- 침착성이 없고 계속 움직이고, 뛰는 등 반복적인 행동을 볼 수 있다.

1. 표정, 반응이 빈약한 영유아 → 각성레벨 저하

표정이 빈약하고 반응이 약한 경우 각성레벨의 저하를 생각할 수 있다. 뇌 전체가 깨어지지 않기 때문에 외부자극에 대한 반응이 둔하거나 늦게 나타난다.

반응이 둔한 아이는 주양육자(부모 또는 교사)를 뒤쫓아가지 않는 경우도 많고 어딘가에 부딪혀도 울지 않고 아프다고 표현하지 않는 경우도 많다.

반응이 둔한 것과 더불어 통각둔마의 상태에 들어간 경우에는 떼를 쓰거나 기분이 좋지 않아 뾰로통한 모습들이 자주 관찰되기도 한다.

⇒ 놀이 지원 예시 1: 무릎 자극 놀이(계란후라이 놀이♫)

- **교수법 안내**

    ① 무릎을 "후라이팬"이라고 소개한다.
    → 신체를 인식할 수 있도록 돕는 과정
    ② "계란후라이 놀이, 계란후라이 놀이, 계란후라이 놀이 해보자" 라고 노래를 부르면서 계란후라이 만들기 흉내놀이를 즐긴다.
    → 무릎의 가운데와 뒷면을 번갈아 가면서 손가락 끝을 이용하여 폈다 오므렸다를 반복하면서 자극을 준다.

■ **Point**

① 놀이의 주도권을 아이가 먼저 가지도록 한다.
→ 아이가 교사에게 먼저 시도하게 한다. 만약, 시도를 원하지 않는 경우 교사가 놀이 방법을 보여주고 해 보게 하다.
→ 상대를 기쁘게 해주는 경험을 통해 자신이 그 기쁨을 받는 것으로 연결되기 때문에, 교사가 리액션(너무 기쁘고 기분이 좋은 표정 등)을 보여주는 것이 중요하다.
② 교사와의 주고받기가 익숙해지면 또래끼리 상호간에 놀이를 할 수 있도록 기회를 준다.
→ 상대의 반응을 보면서 즐길 수 있는(집중이나 관심을 가지기 쉽도록)자극의 정도를 이해하게 된다.
③ 아이가 만졌던 부분을 보거나 아니면 만지기 전에 1박자 쉬면서 "준비"라고 한 후 기대하고 기다리는 모습이 보이는지 교사도 그 타이밍을 기다리면서 확인한다. 즉각 개입은 금물.
* 상호작용 후 기다림을 통해서 식별계가 활성화되고 있는지를 알아차리는 것이 중요하다.

⇒ **놀이 지원 예시 2: 신체 부위 자극 놀이(걸레질 놀이♪)**

■ **교수법 안내(점과 면 자극 놀이)**

① 점 자극놀이
→ 하늘을 보고 누워있는 아이에게 신체 부위에 여러 자극을 준다.
→ 검지 하나로 배를 찌르는 흉내를 낸다.
→ 걸레를 꿰매고, 따끔따끔♪ / 콕콕콕♪
② 한쪽 다리만 올려서 올린 다리만 살짝 짜듯이 흉내 내며 돌린다.
→ 걸레를 짜서 비틀고♪

③ 다른 한쪽 다리도 ②와 동일한 방법으로 돌린다.
→ 스트레칭 하듯이(쭉쭉이 쭉쭉이 ♬)
④ 면 자극놀이
→ 전신을 쓰다듬는다.
→ 걸레를 미는 흉내 내기(싹싹/빡빡 ♬)

⇒ **놀이 지원 예시 3: 손가락과 손등, 팔 부위 자극놀이(거미줄타기 놀이 ♬)**

■ 교수법 안내

① 거미가 줄을 타고 올라갑니다 ♬ 노래에 맞추어 검지와 중지손가락을 이용하여 위로 아래로 거미가 줄을 타고 올라가듯이 흉내내며 자극한다.
→ 콕콕 찌르듯이 ♬
② 손가락이나 손등, 팔 전체 등 시각을 통해 촉각의 주의력에 관심이 가기 쉬운 부위부터 시작한다.

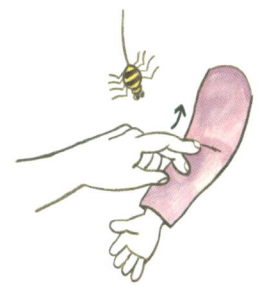

⇒ **놀이 지원 예시 4: 손바닥, 손등, 손가락 자극 놀이(손바닥 뒤집기 놀이)**

■ 교수법 안내

① 손바닥과 손등으로 빈대떡 뒤집기 놀이를 한다.
② 손바닥에 다른 손이 닿으면 반대쪽으로 뒤집는 놀이를 한다.
③ 엄지와 검지를 둥글게 한 후 그 속에 순서대로 손가락을 넣는 놀이를 한다(퐁당퐁당 ♬).

■ Point

심리적인 준비 즉 식별계(자극에 대한 인식)를 활성화하여 언제, 어느 곳을, 누가 만질 수 있는지를 눈으로 보고 촉각으로 느끼게 함으로써 불안요소를 감소시킬 수 있다.

⇒ 놀이 지원 예시 5: 마사지놀이(면 자극놀이)

■ 교수법 안내

① "마사지 합니다"라고 말하면서 몸을 가볍게 누르거나, 쓰다듬거나 신체 부위를 다양하게 자극을 준다.
② 각성수준 레벨이 높지만 거부감이 낮아서 각성수준 레벨을 내리기 쉬운 아이, 멍한 아이, 활동성이 약한 아이, 의욕이 없는 아이에게 좋다.

■ Point

① 각성수준은 "뇌"의 활동성을 나타내는 말이다.
② 본인이 자각할 수 있는 졸음 등과 반드시 일치하는 것은 아니다.

2. 스킨십을 싫어하는 아이 → 촉각거부반응

스킨십을 싫어하는 이유로는 촉각거부반응을 생각할 수 있다. 간지럽게 하거나, 흔들 놀이를 하거나, 각성레벨을 높이는 접근이 상태를 좋아지게 하는 것도 있지만, 원시계(본능)가 깨져서 촉각거부반응이 나타나는 것처럼 관계맺기가 어려운 것은 다른 형태로 나타나는 경우 등도 생각할 수 있다. 이런 경우 공감성의 발육(감정학습)에 대해서 생각해 보아야 한다.

가정과의 연계를 통해 감정학습을 자연스럽게 노출할 수 있도록 안내한다. 부모와의 접촉, 관계를 맺으면서 공감성(시선, 표정, 동작, 물건, 흥미를 향한 방향 등)이 성장하는 중요한 시기에 생리적인 증상인 촉각거부반응이 먼저 나와 버리면, 스킨십을 비롯한 접촉을 거부하기 때문에 마음의 움직임으로서의 공감성은 영유아기가 지나면 성장하는데 어려움을 겪는다.

결과적으로 대인관계, 커뮤니케이션의 발달에 걸림돌이 될 수도 있으므로 적기에 관계맺기를 일상생활에서 많이 할 수 있도록 도와주어야 한다.

● **촉각의 걸림돌에 대한 이해**

촉각의 걸림돌로서 대표적인 것으로, 몸에 닿는 물건에 대해서 강한 거부가 나오는 촉각거부반응의 기본은 식별계의 움직임을 활성화하는 것이 중요하다. 원시계(본능)의 스위치가 쉽게 들어가게 되어 있는 상태에서 식별계(인지-의도적 파악)가 움직이는 것이므로 원시계(본능)에 브레이크를 거는 상태까지 의도적 파악을 유도하는 것이 기본원칙이다. 대표적인 명칭은 "터치"라고 할 수 있다. 이것은 손톱 깨물기나 손가락 빨기 등 촉각의 둔마에 따르는 자기 자극 행동을 개선해 가는 접근으로서도 기본이 된다. 촉각둔마로 자기 자신을 자극하기 위한 하나의 신경 쓰이는 행동의 대표적인 것이 손톱 깨물기와 손가락 빨기라고 볼 수 있다.

⇒ 놀이지원 예시 1: 손으로 만지는 놀이(터치놀이)

- 교수법 안내

  ① 부드러운 솔부터 약간 거친 느낌이 나는 솔이나 스펀지 등, 만지는 감촉을 구분하기 쉬운 소품을 준비한다.
  ② 손이나 다리 등 아이가 관심을 향하기 쉬운 신체 부위부터 솔이나 스폰지 능의 소재를 이용하여 넓은 면적에 부모나 교사가 똑같은 압력으로 신체 부위를 가볍게 누르면서 문지른다.
  ③ 1회 3~5분간 기본적으로 문지른 후 아이의 반응을 보고 점점 횟수를 늘려간다.

- Point

  ① 피부가 닿는 부분에 주의를 하고 있는지 아이의 눈빛이나 표정, 몸짓을 확인하면서 한다(아이의 반응을 살피면서 한다).
  ② 느낌이 느껴질 정도로만 아프지 않게 문지른다.
  ③ 동일한 부위만 문지르고 있으면 익숙해져서 주의력이 향상되기 어려워지므로 조금씩 이동하면서 문지르고, 최종적으로는, 목, 옆구리, 안면 등 원시계(본능)가 움직이기 쉬운 장소까지 점점 범위를 넓혀가도록 한다.

⇒ 놀이지원 예시 2: 그림 또는 언어 전달 놀이(그리기 놀이)

- 교수법 안내

  ① 한 줄로 서게 한 후 리더가 보여주는 그림이나 도형 또는 문자 등을 앞 친구의 등에 손가락으로 그리거나 쓰면서 전달한다.

② 마지막의 아이는 메가폰을 통해 교사에게 답을 말한다.
③ 익숙해지면 팀 대항으로 한다(한 팀은 3~5명 정도).
④ 영유아의 발달 수준에 맞추어서 간단한 도형 도는 한두 글자 또는 세 글자 등 점점 난이도를 높여간다.

⇒ 놀이지원 예시 3: 언어전달게임(손가락 찾기 놀이 – "어떤 손가락으로 만졌어?")

- **교수법 안내**

    ① 놀이지원 예시 2에서 "무엇으로 그렸어?"라고 물어본 후 그린 손가락을 찾는다.
    ② 놀이지원 예시 2에서 "무엇으로 썼어?"라고 물어본 후 쓴 손가락을 찾는다.

⇒ 놀이지원 예시 4: 언어전달게임(세게 잡은 손가락 찾기 놀이 – "몇 번째 손가락 세게 잡았어?")

- **교수법 안내**

    ① 다 같이 동그랗게 앉은 후 손을 잡은 후 눈을 감고 몇 번째 손가락을 세게 잡았는지 찾는다.
    ② 익숙해지면 눈은 감지 않아도 된다.

- Point

① 손잡기를 싫어하는 경우에는 교사 옆에 앉게 하고 순서가 올 때까지 손을 떼고 있어도 된다.

② 화장실 앞에서 기다리는 시간 등 전이활동 시간이나 활동의 연결시간 등에 활용하면 좋다.
또는 동그랗게 앉지 않고 일렬로 줄서서 해도 괜찮다.

③ 교사가 손가락을 하나 내밀어 주면 그것을 아이가 잡는 등 아이 스스로 잡을 수(자신의 의지로 잡을 수 있으면 가장 좋기 때문에)있도록 상호작용해 주면 좋다.

3. 어부바 또는 안기 어려운 아이
→ 평형감각계의 낮은 반응 & 신체인식 발달 미숙

어부바나 안기기를 싫어하는 경우, 평행감각계의 낮은 반응에 의하여 근육 긴장의 유지나 조절이 잘 되어 있지 않다고 볼 수 있다. 어부바를 할 때에 자기 몸의 축이 무너지는 것을 알 수 없다는 것은 중력방향을 느끼기 힘들어서 꽉 잡을 수 없는 상태라는 것을 알아차려야 한다.

또, 서너 살이 되어도 어부바나 안기가 잘 안된다면 신체인식의 발달이 미숙하여 조절이 어렵다고 볼 수 있다. 평형감각계의 낮은 반응은 운동기능이 발달되면 무질서하게 많이 움직이는 것으로 나타날 수도 있다. 예를 들어 뛰거나, 돌기를 반복하거
나 가만히 있을 때는 바닥에 누워있는 등 상반되는 행동이 공존하기 쉽다.

표정, 반응이 빈약한 아이, 스킨십을 싫어하는 아이, 어부바, 안기가 어려운 아이, 그 외 어른의 소리를 알아듣지 못하거나 난청, 약시, 무언가를 눈으로 쫓아갈 수 없는 등 반응이 다소 빈약한 경우도 있다. 지적 장애, 중도 자폐증 등으로 의심할 수도 있다. 그러나 섣불리 판단해서는 안 된다. 그러므로 의사의 발달진단검사를 통해서 정확한 정보를 알아보는 것이 중요하다.

● **관찰을 통해 발달이 신경 쓰이는 아이들의 현상[평형감각의 걸림돌]**

- 시각의 추적이 곤란한 상태로 안구운동이 곤란하다
- 앉는 자세에서 힘없이 앉거나 선 자세에서 똑 바로 서 있지 못한다.
- 신체의 흔들림 또는 불안정한 상태를 무서워한다(예: 평균대 위 걷기, 뜀틀 넘기, 정글짐 오르기 등에 대해 시도하지 않으려고 한다).

평형감각의 걸림돌이란 우선 평형감각계의 낮은 반응이나 그 반응에 동반된 자기자극행동, 그리고 평형감각의 보호반응으로서 중력불안, 자세불안 등이 있다. 구체적으로는 안구운동 또는 자세조정에 관한 걸림돌과의 관련이 깊다.

⇒ 놀이지원 예시 1: 회전의자 돌리기 놀이(회전자극놀이)

- 교수법 안내

  ① 아이를 회전의자에 앉힌 후 교사가 "돌려요" 라고 상호작용 한 후 의자를 기본 속도를 유지하면서 돌린다.
  ② 5~10번 회전을 목표(기본)로 동일한 방향으로 계속 돌린다.(아이의 개인차를 고려하여 점점 횟수를 늘린다).
  ③ "아이가 눈이 돌아간다" 라는 사인이 나타날 때 까지 계속 돌린다.

- Point

  ① 교사는 아이의 눈이 돌아간다. 즉 "그만" 이라는 사인을 잘 읽어내는 것이 중요하다.
  ② 그 아이의 개별 수준 맞게 적절한 회전 수, 속도를 파악할 수 있는 것이 중요하다.

⇒ 놀이지원 예시 2: 썰매놀이(전후자극 놀이)

- 교수법 안내

  ① 썰매 위에 엎드리게 한다.
  ② 밧줄을 잡게 한다.
  ③ 교사가 썰매를 끌어당긴다.
  ④ 썰매를 앞으로 뒤로 반복해서 움직인다.

- **Point**

  ① 몸의 축 방향을 중심으로 평형감각자극을 받음과 동시에 등 근육을 펴는 자세반응이 촉진된다.
  ② 자율 신경계의 반응(자세 불안 등)이 억제된다.
  ③ 보행기에 오래 노출되어 등 근육이 뻣뻣해진 경우 반대 근육이 펴진다.
  ④ 교사는 아이가 떨어지지 않는 자세를 유지할 수 있도록 안전에 유의하여야 한다.

⇒ 놀이지원 예시 2: 트램플린 놀이(상하자극놀이)

- **교수법 안내**

  ① 아이를 트램플린에 오르게 한 후 교사와 마주보고 양손을 잡고 선다.
  ② 양 손을 잡은 채로, 점핑을 리듬에 맞추어서 한다(점핑노래♬).
  ③ ♬ 점핑, 점핑, 점핑점핑점핑, 점핑, 점핑, 점핑점핑점핑, 점핑, 점핑, 점핑점핑점핑 점점점 점점♬ (계이름 - 솔미 솔미 솔미솔라솔미, 솔미 솔미, 솔미솔라솔미, 솔미 솔미 솔미솔라솔미, 레파미레도)노래가 끝날 때까지 반복한다.
  ④ 아이의 발달에 맞추어 목표 횟수를 조정한다.

■ Point

① 교사가 도와 줄때는 아이의 신체균형이 무너지지 않도록 손을 잡고 천천히 조정해준다.
② 더욱 높이 뛸 수 있도록 팔을 위로 살짝 올려주면서 자신의 점핑 높이를 느끼도록 한다.
③ 점프를 계속하는 동안에 허리가 바르게 펴져서 자세가 똑바로 펴지는 것을 관찰하면서 지원한다.
* 놀이 시작 전에 안전 약속을 한 후 교사는 아이의 그 변화를 놓치지 않도록 칭찬과 격려를 충분히 해주어야 한다.

제2장 식사 중 걸림돌이 많은 아이

● **관찰을 통해 발달이 신경 쓰이는 아이들의 현상**

- 흘리면서 먹는다.
- 숟가락 사용을 어려워한다.
- 젓가락 사용을 어려워한다.
  (에디슨젓가락, 나무젓가락, 쇠 젓가락 순으로 사용)
- 밥그릇을 잘 들 수 없다.
- 저작, 삼키기를 어려워한다.

- 음식을 입속에 계속 머금고 있거나 그대로 삼켜버리고, 또는 씹지 않고 삼켜버린다
- 억지로 삼켜서 토해버린다.
- 식사 중에 돌아다닌다.

- 음식으로 장난을 치거나 침착성이 없다.
- 심한 편식이 있다(하얀 쌀밥만 먹는 등).
- 국물을 옮겨 담거나, 쟁반 위에 담고 옮기는 것을 힘들어한다.
- 손끝으로 하는 자조기술이 서툴다.
- 옷 갈아입기를 어려워한다.
- 싫어하는 감촉으로 인해 집중을 잘 못한다
  (상표 텍 등)

- 끈 종류 등에 집착한다.
- 싫어하는 소리가 있다.(악기소리에 민감한 반응, 예를 들면, 쇠 소리, 찌직거리는 소리 등)

일상생활면에서의 식사 중 걸림돌은 크게 두 가지와 관계한다.

첫째, 신체인식 발달의 미숙으로 식사도구, 식기를 잘 사용할 수 없어서 서툴러 흘리면서 먹는 경우가 많다. 또는 손이나 발의 촉각계의 발달이 미숙하여 손, 발의 사용이 미숙하다. 또, 몸치장을 할 때처럼, 파워그립(양손협응)이나 손바닥지지, 눈과 손의 협응도 관계하고 있다.

둘째, 평형감각계의 낮은 반응으로 자세 유지나 조절 등이 어렵다. 그리고 국물을 붓거나 쟁반에 싣고 운반하는 것은 고유각의 통합과도 관계가 있다.

1. 편식하는 아이(입의 촉각으로 거부하는 반응)
 : 싫어하는 것을 거부하는 반응

편식은 미각에 익숙하지 않는 것 이전에 "혀의 느낌, 이로 물었을 때 느낌" 등 입속의 촉각에 거부하는 반응이 나타나고 있는 것도 생각할 수 있다. (맛보다는 촉각으로 싫어하는 경우)

미끌미끌, 끈적끈적, 아삭아삭, 거칠거칠 등의 식감이 싫어서, 입속에 넣지 않거나 넣어도 뱉어버린다. 식사 중 돌아다니는 것은 편식이나 자세 유지를 할 수 없거나 식사 자체가 싫은 등 평형감각계의 낮은 반응에 의해 돌아다니고 있는 것도 생각할 수 있다. 또, 음식을 먹지 않고, 음식으로 놀이를 하는 경우, 촉각의 둔마에 의한 자기 자극행동이라고 볼 수 있다.

- 그 외 시점~~~

　음식을 섭취할 때 중요한 감각은 첫 번째로 미각이다. 두 번째로 중요한 것은 음식을 입안에서 다루어내는 촉각이다. 편식을 하는 아이인 경우 이가 다물어지지 않거나, 원래 소식(작게 먹는 것)으로 인하여 식욕이 없는 경우도 있다. 이 뿐만 아니라 구강 내 촉각이 굉장히 예민해서 음식을 다루어내지 못하는 경우도 있다. 특히 질긴 고기류(질식에 대한 두려움으로 큰 건더기를 먹으면 숨을 못 쉴 것 같은 공포감에 사로잡히기도 함)등을 거부하거나 토한다. 또는 침착성이 없는 경우를 볼 때에 ADHD 등에 의한 부주의, 충동성이 관계하고 있는 경우로 의심할 수도 있다.

　인간은 태어나서 출생부터 성장 발달하는 동안 새로운 것을 받아들이도록 되어 있다. 하지만 모든 감각을 특히 구강감각 즉 새로운 것이 입안으로 들어오는 것에 대한 거부반응을 일으킬 때 일반적으로 편식하는 아이로 지칭하기 쉽다. 그런데 이런 아이들은 구강감각(구강 내 촉각)과 피부에 닿는 감각(촉각)이 예민한 경우가 많다. 자기 스스로 닿거나 만지는 것은 괜찮지만 준비가 안 된 상태인데 누군가가 자신의 피부에 닿거나 만지면 불편해 한다. 모자 쓰는 것, 로션이나 연고 바르는 것, 샤워하는 것 등도 촉각에 대한 거부반응으로 나타낸다. 이때 샤워할 때 샤워기의 물줄기는 물줄기마다 모두 다른 자극으로 느끼는 촉각 자극으로 샤워에 대한 거부감을 드러내기도 하고, 냄새가 나더라도 기존 입던 속옷의 촉각은 좋아하지만, 새로운 속옷은 불편함으로 받아들인다. 이런 아이들은 머리빗질도 하기가 힘들어 머리 묶기조차도 힘든 경우가 많다. 아울러 머리빗질도 싫어하여 머리 묶기를 피한다.

밥상머리 교육으로 가장 중요한 것은 스스로 먹을 수 있도록 기다려 주는 것이다. 만약, 미디어를 보면서 식사를 하게 되면 스스로 먹는 속도를 조절할 수 없으며, 포만감도 스스로 잘 못 느끼게 된다. 눈은 미디어를 향해 있으면 저작을 잘 하지 않으므로 식사 속도가 느려질 수밖에 없다. 이때 어른이 일방적으로 떠먹이게 되면 자율성, 자기주도성을 배우는 것에 문제가 생길 수 있다.

⇒ 놀이 지원 예시 1: 빙글 도는 놀이(빙글 돌아 열매따기 놀이)

- **교수법 안내**

  ① 준비사항: 과일나무 벽용 게시판
  → 만든 과일나무(보들이 까슬이)로 열매를 붙여놓고 조금 떨어진 곳에 출발선을 정해서 세 바퀴 빙글빙글 돈 후 과일나무를 향해 달려간다.
  ② 목표물(열매)을 따서 상자에 담는다.

- **Point**

  → 비틀거리더라도 위험한 상황이 아닌 경우에는 아이 스스로 신체를 조절할 수 있도록 기다려 준다.
  → 놀이 공간 주변에 위험한 소품이나 가구(교구장, 책상 등)는 정리하도록 한다.

⇒ **놀이 지원 예시 2: 팽이 돌리기 놀이(발레리나처럼 빙글 도는 놀이)**

- **교수법 안내**

  ① 한발을 기준으로 그 자리에서 빙글빙글 돈다.
  ② 넘어질 때까지 빙글 돈 다음 넘어지면 멈춘다.

- **Point**

  ① 기준을 잡고 있는 다리에 힘을 주어 움직이지 않도록 신체를 조절한다.
  ② 자세가 흐트러져 무너지지 않도록 조절하게 한다.
  ③ 넘어질 때 다치지 않도록 주변 환경을 안전하게 준비한다(매트준비, 위험한 물건 정리 등).

⇒ **놀이 지원 예시 3: 데굴데굴 구르기 놀이**

- **교수법 안내**

  ① 매트 위에서 혼자서 데굴데굴 구른다.
  ② 익숙해지면 속도를 내서 구른다.
  ③ 친구와 함께 손을 맞잡고 천천히 구른다(리듬에 맞추어).

- **Point**

  ① 다리를 교차해서 몸을 빙글 돌리면서 엄지발가락을 차듯이 반동을 준다(발레리나 연상).
  ② 빙글 돌때에는 배꼽이 기준이 되도록 하면 똑바로 돌 수 있다.

⇒ **놀이 지원 예시 4: 손잡고 빙글 돌리기 놀이(비행기 놀이)**

- **교수법 안내**

  ① 교사와 양손을 마주 잡는다.
  ② 교사의 양다리 위에 아이를 태우고 비행기 놀이를 한다(태운 후 누워있는 어른의 다리 위에 배를 들어 올리고 그 상태에서 앞구르기도 가능하다).
  * 응용: 서서있는 어른의 배를 나리로 차면서 거꾸로 올라 빙글 돈다(스스로 돌기가 어려운 경우 어른이 아이의 신체를 살피면서 돌려준다).

- **Point**

  ① 몸을 잡고 매달리기 자세를 할 수 없는 아이에게 하면 좋다.
  ② 발로 배를 차면서 올라간다,
  ③ 몸을 동그랗게 하는 감각을 외우면서 빙글 돈다.
  ④ 비행기-앞구르기는 넘어졌을 때 손이 나오는 동작으로 연결된다(고난이도 활동).
  ⑤ 매트를 까는 등 안전을 고려하도록 한다.
  ⑥ 팔이 꼬이거나 빠지지 않도록 주의한다.

2. 흘리면서 먹거나, 통째로 먹는 아이
(입의 운동기능 문제: 저작작용)

이유식에서 보통식으로 단계를 올릴 때, "입술을 다문 다", "확실히 씹는다", "꿀꺽 삼킨다" 등 입의 사용법에 대한 학습이 충분하지 않으면, 입에 음식물이 들어갈 때, 입술로부터 받아들이기가 충분하지 않아서 흘려버렸거나, 저작 중에 입술이 벌어지고 음식을 흘려버리는 경우가 많
다. 전신운동 중에 턱을 당겨서 머리 위치를 유지하는 자세나 손의 파워그립(꽉 쥐는 것)을 포함한 활동이 입의 기능을 촉진해 준다. 즉 소근육 발달과 관계하고 있음을 알 수 있다.

⇒ **놀이 지원 예시 1: 건너가는 놀이, 터널 통과하는 놀이, 잡고 오르는 놀이**

- **교수법 안내**

  ① 평균대, 고정놀이기구, 공원의 정글짐 등을 사용해서, 건너가거나, 통과하거나 잡고 오르기를 한다.

- **Point**

  ① 움직임이 패턴화되면, 감각이 자극을 받지 못하고, 효과가 없어진다 (몸으로 외워서 아무 생각 없이 활동을 해버린다).
  ② 평균대 위에 오른 후 양팔을 쭉 뻗은 후 걷기를 한다. 이때, 양팔은 쭉 뻗고 시선은 정면을 향해 볼 수 있도록 한다.
  ③ 평균대 앞으로 걷기, 옆으로 걷기 또는 평균대 점핑하기 등 다양한 움직임의 변화를 가지도록 한다.

④ 중력의 반대로 된 자세로 손발, 몸을 구부리면 신체인식의 발달을 촉진한다.
⑤ 무서워하는 경우 아이의 옷 뒷덜미를 살짝 잡아주면서 평균대 오르기를 시도하는 것부터 하면 좋다.
⑥ 평소에 사용하지 않는 자세나 움직임 등을 통해 감각을 움직이게 한다(거꾸로 서기, 누워서 네발서기, 평소에 사용하지 않는 자세 만들기 등).

* 응용: 정글짐

중력의 반대로 사용하는 자세로 몸을 위로 올리는 항중력 자세와 항중력 자세를 취할 때 손발, 몸을 구부리는 굴곡 자세 등 2가지 조건을 만족하는 것이 중요하다. 2가지 조건을 만족하기 위해 몸의 축을 뒤로 기울이고, 잡는 동작이 중요하다.

⇒ 놀이 지원 예시 2: 고정놀이기구로 여러 가지 움직이는 놀이

신체인식 발달의 미숙과 고유각의 걸림돌에 대한 접근을 위하여 다양한 고정놀이 기구를 사용하도록 한다.

1) 철봉

① 철봉대를 중심으로 지그재그로 지나간다
   (선을 그려두면 좋다).
② 철봉이 점점 낮아지는 등 높이의 변화가
   있으면 움직임의 패턴화가 어려우므로
   더욱 효과적인 운동이 된다. 만약 높이의
   변화가 없을 경우에는 아무 생각 없이
   움직이는 행동을 하게 될 우려가 높다는

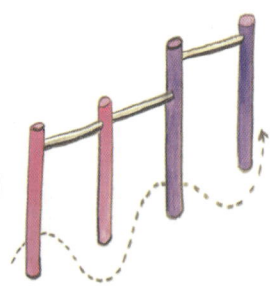

것을 꼭 기억하고, 높이의 난이도를 고려하여 고정 놀이기구를 설치하는 것이 바람직하다.
③ 다양한 높이가 좋다.
④ 양손과 양발로 철봉 매달리기, 점핑하여 철봉 위에 오르기, 앞으로 돌기, 뒤로 돌기 등 다양한 움직임 놀이를 한다.

2) 미끄럼틀

① 로프를 묶어서 자신의 팔과 발의 힘으로 거꾸로 올라간다.
② 익숙하지 않을 때는 교사가 위에서 잡아당기듯이 도와준다.
* 평소 사용하지 않는 근육을 사용하도록 유도한다. - 놀이 패턴을 바꾼다는 것을 사전에 안내하고 놀이를 유도하는 것이 좋다

3) 타이어 또는 울타리

① 땅에 고정된 타이어나 낮은 울타리를 건너간다.
② 반복한다.
* 유니바 또는 허들 뛰기와 같은 느낌

4) 정글짐

① 몸을 숙이고 정글짐 지나가기, 건너가기, 오르고 내리기, 엉덩이를 뒤를 밀어내듯이 거꾸로 건너가기, 옆으로 이동하기 등 신체를 다양하게 움직인다.

- **Point**

    각각 신체의 움직임을 충분히 체험하고, 익숙해지면 놀이터의 고정놀이기구를 여러 가지 합치는 코스를 설정하고, 장애물 경주처럼 진행하면 좋다.

5) 응용: 터널 통과하기
- **교수법 안내**

    ① 준비: 큰 비닐봉지 밑을 잘라서 기둥처럼 만든 다음 홀라후프 3개를 연결한 후 고정시키고, 간이 터널을 만든다.
    ② 놀이방법: 교사는 터널을 잡고, 출구방향에서 아이를 부른다. 아이는 네발로 기어서 터널 안을 통과한다.

- **Point**

    ① 시판하는 터널은 입구가 좁고 긴 것이 많기 때문에, 터널 안을 통과하는 것이 어려워하는 아이들이 많다. 그래서 수제터널은 만들 때 입구를 넓게 하고 거리를 짧게 또는 넓게 조정할 수 있도록 하는 것이 좋다.
    ② 투명한 것이 좋다. 터널 안이 보이지 않으면 무서워서 미리 포기하는 경우가 많다.
    ③ 몸을 낮추어 네발로 기는 것이 어렵고, 불안감이 많은 아이에게는, 시각적으로 잘 보일 수 있도록 터널길이를 짧게 하고, 바로 나올 수 있도록 한다.

6) 응용: 공 전달하기

    ① 처음에는 공을 머리 위로 지나가게 전달한다.
    ② 끝까지 전달한 후 뒤에서는 앞사람에게 다리 밑으로 전달한다.

③ 손으로만 주고받는 것을 약속한다.

■ Point

굴러가면 순식간에 놀이가 끝날 수 있으므로 손으로 주고받는 놀이를 통해 낮은 자세로 확실히 공을 보고 숙여서 주고받는 동작을 의도적으로 준비하여 더욱 고도의 운동이 될 수 있도록 한다.

(앞에서 뒤로 공을 위로 건네준다)

(앞에서 뒤로 공을 다리 사이로 건네준다.)

제3장 스스로 몸치장하기가 어려운 아이

● 관찰을 통해 발달이 신경 쓰이는 아이들의 현상

- 옷 갈아입는 것이 서툴다.
- 몸을 자유자재로 잘 움직일 수 없다.
- 단추를 열고 닫기 어렵다.
- 끈을 잘 묶을 수 없다.
- 옷의 앞뒤, 신발의 좌우 구분이 어렵다.
- 세수 또는 이 닦기를 싫어한다.
- 목 뒤의 거칠한 상표텍 닿는 것을 싫어한다.
- 모자끈(고무줄)을 싫어한다.
- 정리정돈이나 뒤처리를 할 수 없다.
- 모래놀이나 흙 만지는 놀이를 싫어한다.
- 스티커붙이기, 사물함 정리 및 소지품 정리를 할 수 없다.
- 나무 쌓기나 블록 등 손끝을 사용하는 교구 사용이나 장난감 놀이를 잘 못한다.

1. 옷 갈아입기를 잘 못하는 아이
→ 신체인식의 발달 미숙과 평형감각계의 낮은 반응

옷 갈아입기를 힘들어하거나 잘 안되고, 손끝이 섬세하지 못한 것은 여러 가지 요인이 있습니다만, 감각통합의 시점(촉각계와의 관계도 포함)

에서는 손끝 신체인식 발달의 미숙과, 평형감각계의 낮은 반응에 따라 자세의 유지나 조절이 어려운 등 다양한 움직임이 관계하고 있다.

손의 사용이 능숙하지 못하거나, 움직임이 자유롭지 않고, 운동을 싫어하고 잘 못하는 아이는 신체인식 발달의 미숙과 고유각의 걸림돌에 대한 접근이 필요하다.

신체인식은 여러 가지 감각이 복합적으로 관계하고 있기 때문에, 발달이 잘 되지 않아 여러 가지 상태로 나타나는 것을 볼 수 있다. 또, 고유각은 개별적으로 말하기는 어렵고, 신체인식과의 관련도 깊어서, 여기서는, 고유각의 걸림돌도 포함된 신체인식 발달의 미숙함을 도울 수 있는 접근 방법을 이해하고 생각하지 않으면 안 된다. 예를 들어, 옷 갈아입기를 잘 못하는 경우 신체인식 발달이 느리거나 평형감각계의 낮은 반응으로 볼 수 있다.

일상생활에서 몸치장이 어려운 아이도 일상생활에서 관계맺기(표정 빈약, 촉각거부반응, 식사에서의 걸림돌 등)가 어려운 현상과 비슷한 모습들이 관찰되고 있음을 알 수 있다.

⇒ 놀이 지원 예시 1: 기본 감각계의 놀이(터치, 스트레칭, 흔들기, 돌기, 미끄러지기 등)

모든 놀이의 시작은 촉각부터 평형감각에 이르기까지 기본적으로 똑같다. 단, 신체인식의 발달을 촉진시키기 위해서는 하나의 감각에 초점을 맞추는 경우와는 목적이 다르기 때문에 자극을 주는 방법(강도나 회수 등)도 달라진다. 평형감각계가 낮은 반응을 하는 경우에는 움직이는 회전자극(회전의자 돌리기)과 달리 몸의 축에 기울기를 통해 기울어지는 정도를 느끼도록 하는 것이 중요하다. 이때 너무 강한 자극을 줄 필요는 없다. 너무 급격하게 아이의 신체를 기울이거나, 흔드는 것은 오히려 발달을 촉진하는데 방해요소가 될 수 있으므로 적당하게 기울어지는 정도를 느낄 수 있는 정도로만 놀이를 해 주는 것이 좋다.

신체인식 발달을 촉진하는 경우에는, 터치와 스트레칭 등으로 전신에 **자극을 주는 것이 중요하다.** 신체 끝(손끝에서 발끝)까지 주의력을 가지고, 호기심 넘치도록 사용하는 소재를 만질 때의 압력, 면적, 움직이는 방법 등을 "아이 스스로 느꼈다"라는 표정을 교사가 관찰하면서 세밀하게 연구하는 것이 필요하다.

⇒ **놀이 지원 예시 2: 기본 운동계의 놀이(건너가기, 터널통과하기, 잡고 오르기 등)**

■ **교수법 안내**

① 평균대, 고정놀이기구, 공원의 정글짐 등을 사용해서, 건너가거나, 통과하거나 잡고 오르기를 한다.

■ **Point**

① 움직임이 패턴화되면, 감각이 자극을 받지 못하고, 효과가 없어진다.
② 정글짐의 오르내리기를 할 수 있으면, 다음은 옆으로 이동하고, 앞으로 통과할 수 있으면 뒤를 보고 통과한다.

③ 이러한 것처럼 움직임의 변화를 가지도록 한다(다르게 활동할 수 있도록 한다).
④ 중력의 반대로 된 자세로 손발, 몸을 구부리면 신체인식의 발달을 촉진한다.
⑤ 주 양육자(부모 또는 교사)의 몸을 잡는 것부터 시작하면 좋다.
⑥ 우선 앉는 자세부터 한 다음, 어른이 선 상태에서 잡아서 끌어안고, 안는 자세를 유지한다.
⑦ 평소에 사용하지 않는 자세나 움직임으로 감각을 움직이게 한다(거꾸로 서기, 엎드려서 네발서기, 누워서 양팔과 다리 세우기, 평소에 잘 사용하지 않는 팔과 다리를 사지 자세로 만들기 등).
⑧ 중력의 반대로 사용하는 자세로 첫 번째, 몸을 위로 올리는 항중력 자세와 두 번째, 항중력 자세를 취할 때 손발, 몸을 구부리는 굴곡 자세 등 2가지 조건을 만족하는 것이 중요하다. 2가지 조건을 만족하기 위해 몸의 축을 뒤로 기울이고, 잡는 동작이 중요하다.

2. 이 닦기, 얼굴 닦기를 싫어하는 아이 → 촉각거부반응

이 닦기나 옷의 상표텍 등의 감촉을 싫어하는 경우에는 촉각거부반응으로 볼 수 있다. 촉각거부는 머리, 얼굴 목 등은 생명에 강한 부위로 세게 나타나는 경향이 있어서, 세수 및 얼굴 닦기, 귀청소, 모자, 목의 텍 등에 대한 거부가 나타나기 쉽다. 또, 보호뿐만 아니라, 자기자극행동이 아닌 투쟁행동을 일으키는 증상으로 나타나기 때문에 물거나(이(齒) 주의), 긁기(손톱주의) 등에 관한 부위도 촉각거부가 일어나기 쉽고, 이 닦기, 손톱 깎기를 싫어하는 상태로 나타나기도 한다.

⇒ 놀이 지원 예시 1: 이 닦기 놀이(생활습관도 즐겁게)

- 교수법 안내

  ① 칫솔의 감촉을 싫어해서 이 닦기를 싫어하는 아이에게는 아이가 교사의 이를 닦는 것부터 시작한다.
  ② "더 위쪽으로", "옆 니를 잘 부탁해"라고 주문을 히면서, 놀이처럼 즐긴다.
  ③ 다른 사람의 이(齒)로, 실제 칫솔을 어디에 닿는지를 확인하면서 이 닦기를 할 때 이미지화가 되면 서서히 자신의 입에도 칫솔을 넣을 수 있게 된다.
  ④ 마무리 닦기를 할 때는 "마무리해도 됩니까?" 라고 상호작용한다.

[아랫니를 부탁합니다]

- Point

  ① 아이의 이를 닦을 때에 아이 자신이 칫솔을 들게 하고 교사가 아이의 손을 잡고 닦으면, 어디를 어떻게 닦는지에 주의력이나 집중력을 향상시키기가 쉬워져서 저항이 적어진다.
  ② 가정에서의 대처로서는 치약을 몇 종류를 준비하고, 오늘은 어떤 치약으로 할까요? 등 가게 놀이처럼 하면 즐겁게 이 닦기에 동참하게 된다.

⇒ 놀이 지원 예시 2: 헤어디자이너 놀이(생활습관도 즐겁게)

- 교수법 안내

  ① 소꿉놀이 코너에 거울이나 브러쉬 등을 준비한다.
  ② 브러쉬로 아이가 교사의 머리카락을 빗겨준다.

③ 머리카락을 빗으면서 머리, 얼굴 등을 만지는 놀이로 하면 익숙해진다.
④ 자연스럽게 미장원놀이(헤어 디자이너 놀이)를 즐기면서 한다.

⇒ 놀이 지원 예시 3: (응용) 여러 가지 감촉 체험놀이

■ 교수법 안내

1) 핑거페인팅(색깔 있는 풀로 색칠하기)
   ① (준비) 전분으로 다양한 색깔의 풀을 만든다.
   ② 풀에 물감을 섞는다(노란색, 빨간색, 보라색 등 아이 좋아하는 3색을 만든다).
   ③ 각 테이블에 물수건을 준비한다(언제든지 닦을 수 있도록 안심감을 주기 위해서).
   ④ 도화지에 사과, 바나나, 포도의 윤곽만 그려둔다.
   ⑤ (노는 방법) 손가락에 색깔이 있는 풀을 묻히고, 3가지 그림에 각각 색칠한다.
   ⑥ 윤곽선에서 넘어가지 않도록 의식하도록 도와준다.
   ⑦ 사과 - 넓은 면을 빙글빙글 그리거나 큰 원을 그린다.
   ⑧ 포도 - 작은 면을 섬세하게 칠한다.
   ⑨ 바나나 - 선을 길게 늘어뜨리며 그린다(큰 움직임 사용하기).

- **Point**
  ① 색깔을 보고 어디에 칠하는지 또 어느 손가락을 사용하였는지 관찰한다.
  ② 평소 활동 중에도 풀을 사용하기 시작할 때는 색깔을 넣어서 검지로 칠할 부분의 선 가까이에 그리듯이 흉내 내는 것이 좋다.
  ③ 확장활동으로 모래숫자, 모래글자 등을 그리듯이 흉내 내는 것도 도움된다.

3. 스티커 붙이기를 잘 못하는 아이
→ 신체인식 발달 미숙과 운동기능 미숙(눈과 손의 협응 발달 미숙)

집기(엄지와 검지), 잡기(엄지와 검지, 중지) 등 스티커를 붙이고 떼는 등 미세한 손끝의 조작의 기초부분에는, 신체인식에 더해서 힘차게 잡는(파워그립)것이나 손바닥 지지(손바닥에서 체중을 지지하는)가 있다. 그리고 그 기능발달에는, 손끝뿐만이 아니라 자세 만들기를 포함해서 어깨부터 팔 전체의 운동기능이 관계한다. 또, "손끝을 보고 조작을 한다"라는 눈과 손의 협응의 발달 미숙이 서툰 것과 연결되어 있는 것도 있다. 눈과 손의 협응은 전정(평형감각) - 動(동)眼(안)계(눈알이나 눈꺼풀의 운동을 지배하는 근육)나 손의 식별계(접촉한 물건에 관심이 향하고, 모양, 크기, 소재의 차이를 식별한다)등 감각통합과도 크게 관계가 있다.
※ 그 외 운동발달이나 신체기능의 장애 외에, ADHD 등에 의한 주의산만이라는 특성에서, 손끝의 조작에 집중할 수 없는 경우도 생각할 수 있다.

⇒ **놀이 지원 예시 1: 심부름 놀이(생활습관 속에서)**

평소 생활 속에는 신체인식 발달을 유도(촉진)하는 움직임이 많이 있다. 매일 반복된 움직임에 대해서 어느 부위를 어떻게 움직이고 있는지 의식하면서 하는 것이 중요하다.

- **Point**

    꼬마선생님이 하는 심부름을 통해 주위사람에게서 "고마워"라고 감사하다는 말을 들으면 의욕이 증가될 뿐만 아니라 긍정적인 자아상도 형성된다. 즉 신체발달 효과와 더불어 자기 유능감(긍정감)이나 의욕 등 심리적으로도 아주 크게 영향을 미치므로 중요하다.

⇒ **놀이 지원 예시 2: 바닥닦기와 걸레짜기(게임)**

- **교수법 안내**

    ① 양팔, 양다리로 몸을 지탱하는 네발기기 자세가 필요하다.
    ② 팔을 크게 사용하는 창문 닦기나 손목을 비트는 근육의 사용하는 방법을 경험하는 걸레짜기도 경험하도록 한다.
    ③ 놀이로서 경험하게 하는 경우, 테이블 밑을 지나가는 등 코스를 설정하고, 이어 달리기처럼 하면 즐겁다.

⇒ 놀이 지원 예시 3: 식물에 물뿌리기, 물주기 등

- **교수법 안내**

  ① 물조리개에 물을 넣어서 들고 옮긴다.
  ② 화분 또는 식물에 물을 뿌린다.

- **Point**

  ① 물 조리개에 물을 받는다(물이 넘치지 않도록 수평으로 유지하는 것이 포인트).
  ② 물을 뿌릴 때도 팔의 각도나 힘의 조절을 할 수 있도록 교사가 먼저 시범을 보여주고 해보게 한다.
  ③ 물 조리개의 기울기를 조절하면서 뿌리도록 한다.

  * 이 놀이는 고유각의 통합을 도와주는 놀이로서 아주 좋다. 또한 나뭇잎 닦기 놀이 등으로 미니 걸레를 들고 양손을 사용하여 나뭇잎 하나하나를 조절하면서 닦는 것도 식물에 대한 소중함뿐만 아니라 고유각의 통합을 이끄는데 좋은 놀이가 된다. 쏟을까봐 흘릴까봐 등 교사나 어른들의 시선으로 아이를 믿지 못할 경우 아이는 할 수 없게 된다. 그러나 아이가 할 수 있는 놀이 또는 활동이라고 생각하고 준비해 준 다음 아이를 믿는 마음으로 기다려주는 여유로운 교사가 필요하다.

6

아이를 사로잡는 상호작용 공식

    아이를 사로잡는 상호작용의 시작점을 시작생각(전제, 정의 등)과 질문의 힘 등에 새롭게 가치를 정립하고 해석하는 7단계 공식입니다.

아이의 발달은 주변 환경과의 지속적인 접촉과 상호작용을 통해 이루어지므로, 어른의 민감하고 적절한 상호작용은 성장하는 아이의 발달을 최적으로 이끌 수 있습니다. 어른과 아이와의 상호작용이 우수한 환경에서 자란 아이들은 놀이에 집중하기, 놀이에 몰입하기, 과제에 열중하기, 어른의 감독 없이 정해진 규칙 따르기, 또래와 협동하기 등이 많이 나타났고, 또래와의 긍정적인 상호작용도 많았습니다. 특히 상호작용 형태가 민주적일 때 아이들의 주의력, 의지력, 집중력뿐만 아니라 자발성, 협동적 태도 및 문제 해결력이 높았으며 아이의 어휘발달에도 긍정적인 영향력을 가진다는 것을 아이들과 함께 해 온 30여 년 동안 몸소 느낄 수 있었습니다.

이에, 현장에서의 경험을 토대로 '아이를 사로잡는 상호작용 공식'을 만들었습니다. 어른들은 아이들과 친밀한 관계를 형성하고 아이들의 특성과 상황에 맞는 지원적인 상호작용을 하여 아동발달이 최적으로 일어나도록 하는데 중요한 역할을 수행해야 합니다. 그러므로 어른과 아이와의 관계를 재정립하고 상호작용에 대한 관점을 디자인하는 것부터 다시 시작해야 합니다.

결코 상호작용이 쉽지는 않습니다. 하지만 일생을 살아가는데 아주 중요한 키워드이기 때문에 '아이를 사로잡는 상호작용의 시작점'을 시작생각(전제, 정의 등)과 질문의 힘 등에 대해 새롭게 가치를 정립하고 해석하기로 하였습니다. 즉, 여러 상황을 마주할 때 답에 몰두하기 보다는 질문을 먼저 돌아보는 것이 중요하다고 생각했습니다. 올드보이 대사 중 "당신의 진짜 실수는 대답을 못하는 게 아니야! 자꾸 틀린 질문만 하니까 맞는 대답이 나올리 없잖아~~"라는 내용이 있습니다. 이처럼 우리 어른들은 아이들에게 맞는 대답을 할 수 있도록 질문을 잘 하십니까? 틀린 질문만 하면서 아이들의 발달을 방해하지는 않았습니까?

우리는 지금부터 '아이를 사로잡는 상호작용 공식'을 7단계로 알아보도록 하겠습니다.

언어로 표현하지 않는 아이에게 다가가는 방법으로 행동이나 표정으로만 나타내는 아이의 마음 속 외침, 소리 등에 귀를 기울여야 합니다. 아이 마음속의 언어 즉 우아한 외침을 알아차리는 방법으로, 시선, 표정, 몸짓, 동작, 행동, 소리, 자세 등 아이의 언어 이외 정보를 알아낼 수 있도록 꾸준한 관찰을 해야 합니다. 이때 어른의 인내는 필수입니다. 아이의 짜증과 분노는 분명히 이유가 있습니다. 그 이유를 알아가는 과정을 통해 짜증과 분노가 어른에 의해 학습되지 않도록 주의해야 합니다. 훈육과 화를 잘못 이해해서는 안 됩니다.

훈육의 목소리를 0에서 10까지 숫자로 표현한다고 했을 때 CCQ 언어는 1~3 정도로 부드러운 목소리 표현(놀이식)입니다. 예를 들어 "치카치카 하러 가야 돼!"라고 상호작용합니다. 만약, 씻지 않겠다고 짜증내고 울며 떼쓰는 아이에게는 4~6 정도의 단호한 목소리 표현으로 "치카치카 지금 하고 싶지 않구나!", "그런데 치카치카 하면 입안이 개운해질 거야!", "우리 OO 기분이 상쾌해질 거야!" 등 수용하기 어려운 행동을 할 때에는 일관성 있게 긍정적인 정서를 수용한 상호작용을 해야 합니다. 하지만, 기다리다가 갑자기 목소리 톤이 7~9 정도로 커지거나, 10 정도의 크기로 "야! 빨리 안 해"라고 소리를 지른다면 이것은 훈육이 아니라 어른의 감정조절선이 무너진 것을 아이에게 들켜버린 것입니다. 목소리가 분노와 협박에 가까워질 경우 아이는 귀를 닫거나, 겁에 질려 순종하는 아이처럼 보일 수 있습니다. 시간을 충분히 가지면서 6 정도 이하의 목소리톤 유지와 표정관리, 어투 등을 특별히 신경 쓰는 것이 '아이를 사로잡는 상호작용 공식'의 1단계 포인트입니다.

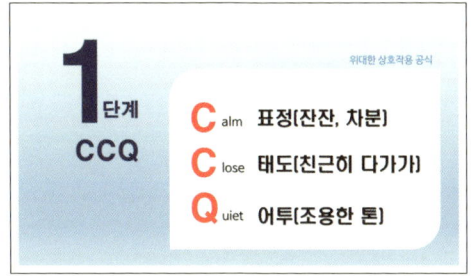

1단계는 본 서의 4부 제4장에 나오는 162페이지 내용을 참고해 주세요.

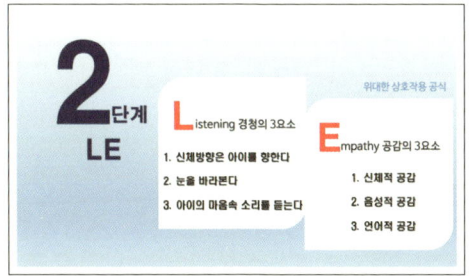

2단계는 경청과 공감 단계입니다. 경청은 아이를 향해 눈을 쳐다보고 겉으로 드러난 언어적 표현 외에 아이의 마음 속 우아한 외침을 듣는 것입니다. 공감은 "응", "그래" 등의 단어로 고개를 끄덕이면서 반응하고, 아이가 한 말을 반복하거나 아이가 느끼는 감정을 말로 표현해주는 것입니다. "음! 그랬구나, 그래서 속상해서 친구를 밀었구나. 그런데~~~" 등 인정과 지지를 해 주어야 합니다.

3단계는 CCQ(잔잔하고 차분하게 친근하게 다가가서 조용한 톤으로)에 기초한 FIT입니다. 사실에 입각하여 미치는 영향을 생각하고 새로운 목표를 세우는 긍정적인 상호작용입니다.

4단계는 CCTV언어를 줄여야 합니다. 명령하기, 비난하기, 꼬리표 달기, 잔소리하기 등은 이제 그만해야 합니다.

5단계는 CCTV 대체언어를 연습해야 합니다. 명령하기(명령어, 강제어 등)는 기대치제시어로, 비난하기(금지어, 부정어 등)는 유도하는 언어로, 꼬리표 달기(협박어, 공격어 등)는 소원공유어로, 잔소리하기(격한 감정어)는 나를 주어로 한 감정언어로 대체하는 연습을 충분히 하는 것이 중요합니다.

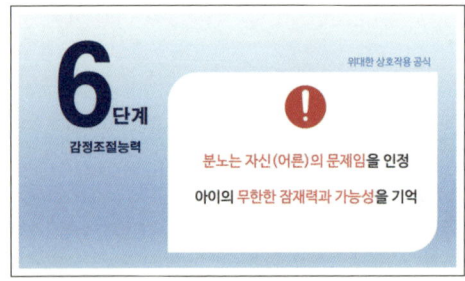

6단계는 감정조절 능력입니다. 아이의 무한한 잠재력과 가능성을 기억해야 합니다.

자기 자신에 대한 개념을 갖게 된 다음에는 새로운 감정이 나타나게 됩니다. 당혹감은 타인 시선의 대상이 될 때 공감은 다른 사람의 입장이 되어 볼 때 부러움은 타인이 소유한 것을 갖고자 할 때 나타납니다. 만 2세가 지나면서 아이들이 이제 자기가 해낼 수 있는 일들이 많아지게 됩니다. 독립심이 생기고 자기 스스로 뭔가를 해보고 싶은 욕구가 굉장히 강해집니다. 그것이 좌절됐을 때에는 그 좌절감을 해결할 수 있는 효과적인 방법을 아직 잘 알지 못합니다. 그래서 그런 좌절을 분노로 표출하게 되고 이제 떼를 쓰고 울고, 화를 내게 되는 것입니다. 떼쓰기는 아이의 감정이 자라고 있는 증거로, 자아발전의 과정에 있다는 것을 기억하고, 감정코팅이 아닌 감정코칭을 실천하는데 최선을 다해야 합니다.

7단계는 상황별 NESC상호작용입니다. 양육, 개입, 구조, 도전 등을 통해 상황에 따른 상호작용을 연습합시다. 공감을 형성하는 양육 상호작용, 개입으로 소통하는 상호작용, 구조화를 형성하는 상호작용, 자신감을 형성하는 도전 상호작용을 통해 어른과 아이 모두가 행복해집니다.

아이를 사로잡는 상호작용에 기초한 놀이지도를 하기 위해서는 어린이집 생활의 여러 가지 장면에 있어서 곤란점이나 걸림돌을 어떠한 관점으로 바라보느냐로부터 다시 생각해보아야 합니다.

신경이 쓰이는 그 아이들을 감각통합의 시점에서 파악해볼 필요가 있습니다. 영유아들의 신경이 쓰이는 모습에 대해서 "그것은 왜?"를 이해하면, "어떻게 하면 좋을지" 파악이 가능해집니다.

이제 아이를 사로잡는 상호작용은 관점 디자인을 시작으로 CCQ, LE, CCQ에 기초한 FIT를 한 후, 평소 사용하던 CCTV언어를 유도언어, 기대치제시어, 소원공유어, 감정언어 등으로 대체하면서 감정조절을 디자인하는 단계를 넘어 발달에 맞는 NESC(양육, 구조, 개입, 도전)상호작용이 가능해질 때 '**위대한 상호작용**'으로 탄생됩니다.

부록

1. 긍정적인 정서를 수용한 상호작용

번호	방법	상호작용 예시
1	구체적으로 격려하기	- "파란색을 많이 사용했구나." 　→ "다음에는 어떤 색을 사용해볼까?" - "종이 전체를 모두 다 칠했구나." 　→ "다음에는 섬세한 대칭 색칠도 할 수 있겠다." - "블록을 많이 사용해서 건물을 지었구나." 　→ "블록을 이용해서 또 어떤 모양이 만들어질지 와! 기대된다." - "세발자전거를 타고 운동장을 다 돌았구나." 　→ "세발자전거를 타고 S코스 연습도 한번 해볼까?"
2	개인적으로 격려하기	- "성준아! 퍼즐을 다 맞추었구나." 　→ "와 이제 3중 퍼즐도 한번 도전해볼까?" - "한울반에 유능한 건축가 민석이가 있네." 　→ "다른 구조물을 이용해서 더 멋진 건축물을 만들어볼까?"
3	결과나 결과물보다 과정, 진보, 노력에 초점두기	- "출입구 끝까지 세발자전거를 밀고 갔네." 　→ "힘들 텐데 세발자전거를 끝까지 밀고 갈 수 있으니까 이제는 두발로 저어서 도전해보면 어떨까?" - "풀을 이용해서 두 개를 다 붙였구나." 　→ "이제는 크기가 작은 종이를 이용해서 붙여보면 어떨까?" - "블록을 모두 사용해서 만들었구나." 　→ "블록으로 만들어진 곳에서 어떤 놀이를 하면 좋을까?"
4	솔직하고 진실하게 말하기	- "친구들이 하기 싫어하는데 너 혼자 정리를 참 열심히 했구나." 　→ "혼자서 하기 쉽지 않은데 마지막까지 집중하면서 너무 정리를 잘하는 걸 보니까 정말 대단해. 다음에는 다른 친구들이 예림이처럼 하고 싶어 할 거야"

번호	방법	상호작용 예시
		- "모든 활동이 끝날 때까지 시간이 오래 걸려도 정말 열심히 했구나." → " 다음에는 더 멋진 활동을 할 수 있을 것 같아 기대가 되네"
5	자신의 성취를 볼 수 있도록 돕기	- "유성이는 블록 8개를 쌓아 탑으로 만들었네. 와 정말 높이 쌓았네." → "블록으로 높이 쌓기도 하고, 다른 모양으로 한번 도전 해볼까?" - "인정이의 아기 인형은 이불 덮고 잠잘 준비가 다 되었구나." → "자장가를 불러주면 금방 잠이 들것 같네 선생님이 불러줄게." - "바지를 혼자 다 입었구나." → "윗옷도 혼자 입을 수 있는지 우리 한번 해볼까?" - "스스로 단추를 열고 닫았구나." → "단추 열고 닫기가 스스로 되니까 지퍼도 끼울 수 있을 것 같아!"
6	자신의 성취에 만족감을 느끼도록 돕기	- "두발을 모아 점핑해보자. 와! 두 발이 모두 떴구나." → 도전: "다음에는 리듬에 맞추어 점핑도 해보자" - "간식 책상을 깨끗하게 치웠구나." → 도전: "다음에는 식탁에 수저도 세팅해 볼까?"
7	경쟁과 비교를 피하기	- "별이는 나갈 준비가 끝났는데 달이는 뭐하니?" → "우리 달이 나갈 준비가 다 되었구나." - "언니는 책상정리도 잘하는데 너는 책상이 이게 뭐니?" → "책상 정리를 이제 참 잘하는구나!!"

2. CCTV 언어를 <u>유도언어</u>로 수정해보세요

NO	C(Command) 명령하기	C(Criticize) 비난하기	T(Tag) 꼬리표 달기	V(Vex) 잔소리 하기
1	신발 너 자리 넣어야지?	또 친구를 때렸어 왜 친구를 때리고 그러니 너는 매번 왜 그래?	왜 맨날 늦게 오니? 맨날 지각이다. 어린이집에 밥 먹으러 오냐?	놀잇감 정리 좀 해 제자리에 갖다놓지도 않고 몇 번째 얘기하니?
2	교구를 던졌네 주워와	교구 이제는 못 갖고 놀겠네	교구 이제 가지고 놀지마! 치운다!	정리하자! 정리도 바로 못하는 거니?
3	oo아! 크레파스 제자리에 좀 갖다놔	oo는 다른 친구들 하는 것 안보이니? 왜 이렇게 마음대로 하니?	너는 맨날 늦게 마무리하는데	제발 정리정돈 좀 하자. 아무렇게나 던져놓지 말고
4	친구를 물면 안 되지? 사이좋게 노는 거야	왜 자꾸 친구를 물어! 이렇게 하면 아프겠지	너는 왜 친구를 자꾸 깨물어 선생님 속상하다	다음에 자꾸 그러면 혼난다
5	뛰지 말고 걸어보자 또 뛰어가네	동생들이 다니고 있는데 또 뛰어가네 부끄럽지	뛰어가니까 넘어지지? 넘어지면 아프고 허리를 펴고 천천히 걸어야지	오늘 또 뛰어가네 천천히 똑바로 걸어야 키도 크고 자세가 바르게 되지

NO	C(Command) 명령하기	C(Criticize) 비난하기	T(Tag) 꼬리표 달기	V(Vex) 잔소리 하기
6	지금 바로 가서 씻어라	조심해서 걷지 않고 뭐했니?	또 그렇게 말한다. 어찌 변하지 않냐?	아니 똑같은 게 있는데 또 샀어? 돈을 줘도 어찌 아껴 쓰지 않니? 밑 빠진 독에 물 붓기야
7	학교 갈 시간이다. 일어나라고 했지 벌써 시간이 몇 시야? 어서 일어나 어~서	왜 맨날 일찍 못 일어나니? 제대로 하는 날이 없니?	매일 이렇게 늦게 일어나니? 너는 잠보야	제발 좀 알아서 일어나 혼자서 스스로도 못하니 바보같이
8	월말 서류 이번 주까지 꼭 제출하세요	선생님은 이것도 이해 못 해요?	매번 제출이 늦네요	정리정돈 좀 하세요
9	빨리 정리하자	어이구~~~	선생님한테 오세요. 좀 빨리 오면 안 될까? 답답하다	먹지 마! 그럼
10	oo아! 양말은 가방 앞에 넣어야지	언제까지 밥을 입에 물고 있을 거야?	-느림보야~	물을 잠그고 비누칠해야지

3. CCTV 언어를 _기대치제시어_ 로 수정해보세요

NO	C(Command) 명령하기	C(Criticize) 비난하기	T(Tag) 꼬리표 달기	V(Vex) 잔소리 하기
1	신발 너 자리 넣어야지?	또 친구를 때렸어 왜 친구를 때리고 그러니 너는 매번 왜 그래?	왜 맨날 늦게 오니? 맨날 지각이다. 어린이집에 밥 먹으러 오냐?	놀잇감 정리 좀 해 제자리에 갖다놓지도 않고 몇 번째 얘기하니?
2	교구를 던졌네 주워와	교구 이제는 못 갖고 놀겠네	교구 이제 가지고 놀지마! 치운다!	정리하자! 정리도 바로 못하는 거니?
3	ㅇㅇ아! 크레파스 제자리에 좀 갖다놔	ㅇㅇ는 다른 친구들 하는 것 안보이니? 왜 이렇게 마음대로 하니?	너는 맨날 늦게 마무리하는데	제발 정리정돈 좀 하자. 아무렇게나 던져놓지 말고
4	친구를 물면 안 되지? 사이좋게 노는 거야	왜 자꾸 친구를 물어! 이렇게 하면 아프겠지	너는 왜 친구를 자꾸 깨물어 선생님 속상하다	다음에 자꾸 그러면 혼난다
5	뛰지 말고 걸어보자 또 뛰어가네	동생들이 다니고 있는데 또 뛰어가네 부끄럽게	뛰어가니까 넘어지지? 넘어지면 아프고 허리를 펴고 천천히 걸어야지	오늘 또 뛰어가네 천천히 똑바로 걸어야 키도 크고 자세가 바르게 되지

NO	C(Command) 명령하기	C(Criticize) 비난하기	T(Tag) 꼬리표 달기	V(Vex) 잔소리 하기
6	지금 바로 가서 씻어라	조심해서 걷지 않고 뭐했니?	또 그렇게 말한다. 어찌 변하지 않니?	아니 똑같은 게 있는데 또 샀어? 돈을 줘도 어찌 아껴 쓰지 않니? 밑 빠진 독에 물 붓기야
7	학교 갈 시간이다. 일어나라고 했지 벌써 시간이 몇 시야? 어서 일어나 어~서	왜 맨날 일찍 못 일어나니? 제대로 하는 날이 없니?	매일 이렇게 늦게 일어나니? 너는 잠보야	제발 좀 알아서 일어나 혼자서 스스로도 못하니 바보같이
8	월말 서류 이번 주까지 꼭 제출하세요	선생님은 이것도 이해 못 해요?	매번 제출이 늦네요	정리정돈 좀 하세요
9	빨리 정리하자	어이구~~~	선생님한테 오세요. 좀 빨리 오면 안 될까? 답답하다	먹지 마! 그럼
10	ㅇㅇ아! 양말은 가방 앞에 넣어야지	언제까지 밥을 입에 물고 있을 거야?	-느림보야~	물을 잠그고 비누칠해야지

4. CCTV 언어를 <u>소원공유어</u>로 수정해보세요

NO	C(Command) 명령하기	C(Criticize) 비난하기	T(Tag) 꼬리표 달기	V(Vex) 잔소리 하기
1	신발 너 자리 넣어야지?	또 친구를 때렸어 왜 친구를 때리고 그러니 너는 매번 왜 그래?	왜 맨날 늦게 오니? 맨날 지각이다. 어린이집에 밥 먹으러 오냐?	놀잇감 정리 좀 해 제자리에 갖다놓지도 않고 몇 번째 얘기하니?
2	교구를 던졌네 주워와	교구 이제는 못 갖고 놀겠네	교구 이제 가지고 놀지마! 치운다!	정리하자! 정리도 바로 못하는 거니?
3	oo아! 크레파스 제자리에 좀 갖다놔	oo는 다른 친구들 하는 것 안보이니? 왜 이렇게 마음대로 하니?	너는 맨날 늦게 마무리하는데	제발 정리정돈 좀 하자. 아무렇게나 던져놓지 말고
4	친구를 물면 안되지? 사이좋게 노는 거야	왜 자꾸 친구를 물어! 이렇게 하면 아프겠지	너는 왜 친구를 자꾸 깨물어 선생님 속상하다	다음에 자꾸 그러면 혼난다
5	뛰지 말고 걸어보자 또 뛰어가네	동생들이 다니고 있는데 또 뛰어가네 부끄럽게	뛰어가니까 넘어지지? 넘어지면 아프고 허리를 펴고 천천히 걸어야지	오늘 또 뛰어가네 천천히 똑바로 걸어야 키도 크고 자세가 바르게 되지

NO	C(Command) 명령하기	C(Criticize) 비난하기	T(Tag) 꼬리표 달기	V(Vex) 잔소리 하기
6	지금 바로 가서 씻어라	조심해서 걷지 않고 뭐했니?	또 그렇게 말한다. 어찌 변하지 않냐?	아니 똑같은 게 있는데 또 샀어? 돈을 줘도 어찌 아껴 쓰지 않니? 밑 빠진 독에 물 붓기야
7	학교 갈 시간이다. 일어나라고 했지 벌써 시간이 몇 시야? 어서 일어나 어~서	왜 맨날 일찍 못 일어나니? 제대로 하는 날이 없니?	매일 이렇게 늦게 일어나니? 너는 잠보야	제발 좀 알아서 일어나 혼자서 스스로도 못하니 바보같이
8	월말 서류 이번 주까지 꼭 제출하세요	선생님은 이것도 이해 못 해요?	매번 제출이 늦네요	정리정돈 좀 하세요
9	빨리 정리하자	어이구~~~	선생님한테 오세요. 좀 빨리 오면 안 될까? 답답하다	먹지 마! 그럼
10	ㅇㅇ아! 양말은 가방 앞에 넣어야지	언제까지 밥을 입에 물고 있을 거야?	-느림보야~	물을 잠그고 비누칠해야지

5. CCTV 언어를 *감정언어* 로 수정해보세요

NO	C(Command) 명령하기	C(Criticize) 비난하기	T(Tag) 꼬리표 달기	V(Vex) 잔소리 하기
1	신발 너 자리 넣어야지?	또 친구를 때렸어 왜 친구를 때리고 그러니 너는 매번 왜 그래?	왜 맨날 늦게 오니? 맨날 지각이다. 어린이집에 밥 먹으러 오냐?	놀잇감 정리 좀 해 제자리에 갖다놓지도 않고 몇 번째 얘기하니?
2	교구를 던졌네 주워와	교구 이제는 못 갖고 놀겠네	교구 이제 가지고 놀지마! 치운다!	정리하자! 정리도 바로 못하는 거니?
3	ㅇㅇ아! 크레파스 제자리에 좀 갖다놔	ㅇㅇ는 다른 친구들 하는 것 안보이니? 왜 이렇게 마음대로 하니?	너는 맨날 늦게 마무리하는데	제발 정리정돈 좀 하자. 아무렇게나 던져놓지 말고
4	친구를 물면 안 되지? 사이좋게 노는 거야	왜 자꾸 친구를 물어! 이렇게 하면 아프겠지	너는 왜 친구를 자꾸 깨물어 선생님 속상하다	다음에 자꾸 그러면 혼난다
5	뛰지 말고 걸어보자 또 뛰어가네	동생들이 다니고 있는데 또 뛰어가네 부끄럽게	뛰어가니까 넘어지지? 넘어지면 아프고 허리를 펴고 천천히 걸어야지	오늘 또 뛰어가네 천천히 똑바로 걸어야 키도 크고 자세가 바르게 되지

NO	C(Command) 명령하기	C(Criticize) 비난하기	T(Tag) 꼬리표 달기	V(Vex) 잔소리 하기
6	지금 바로 가서 씻어라	조심해서 걷지 않고 뭐했니?	또 그렇게 말한다. 어찌 변하지 않나?	아니 똑같은 게 있는데 또 샀어? 돈을 줘도 어찌 아껴 쓰지 않니? 밑 빠진 독에 물 붓기야
7	학교 갈 시간이다. 일어나라고 했지 벌써 시간이 몇 시야? 어서 일어나 어~서	왜 맨날 일찍 못 일어나니? 제대로 하는 날이 없니?	매일 이렇게 늦게 일어나니? 너는 잠보야	제발 좀 알아서 일어나 혼자서 스스로도 못하니 바보같이
8	월말 서류 이번 주까지 꼭 제출하세요	선생님은 이것도 이해 못 해요?	매번 제출이 늦네요	정리정돈 좀 하세요
9	빨리 정리하자	어이구~~~	선생님한테 오세요. 좀 빨리 오면 안 될까? 답답하다	먹지 마! 그럼
10	○○아! 양말은 가방 앞에 넣어야지	언제까지 밥을 입에 물고 있을 거야?	-느림보야-	물을 잠그고 비누칠해야지

6. 긍정적인 상호작용 연습노트
- 사회발달영역 문제행동 중심

상황1: 친구를 깨무는 아이	
유도언어	
기대치제시어	
감정언어	
소원공유어	
결 과	
결과에 대한 상호작용	
예상되는 아이의 행동 변화는?	
상황2: 교사를 밀쳐내는 아이	
유도언어	
기대치제시어	
감정언어	
소원공유어	
결 과	
결과에 대한 상호작용	
예상되는 아이의 행동 변화는?	

<td colspan="2" align="center">상황3: 할퀴는 아이</td>	
유도언어	
기대치제시어	
감정언어	
소원공유어	
결과	
결과에 대한 상호작용	
예상되는 아이의 행동 변화는?	
<td colspan="2" align="center">상황4: 놀잇감을 던지는 아이</td>	
유도언어	
기대치제시어	
감정언어	
소원공유어	
결과	
결과에 대한 상호작용	
예상되는 아이의 행동 변화는?	

상황5: 놀잇감을 뺏는 아이	
유도언어	
기대치제시어	
감정언어	
소원공유어	
결 과	
결과에 대한 상호작용	
예상되는 아이의 행동 변화는?	

상황6: 짜증내는 잘 내는 아이	
유도언어	
기대치제시어	
감정언어	
소원공유어	
결 과	
결과에 대한 상호작용	
예상되는 아이의 행동 변화는?	

상황7: 교사에게 자주 매달리는 아이	
유도언어	
기대치제시어	
감정언어	
소원공유어	
결 과	
결과에 대한 상호작용	
예상되는 아이의 행동 변화는?	

상황8: 자기의 놀이에만 몰두하는 아이	
유도언어	
기대치제시어	
감정언어	
소원공유어	
결 과	
결과에 대한 상호작용	
예상되는 아이의 행동 변화는?	

상황9: 친구를 때리는 아이	
유도언어	
기대치제시어	
감정언어	
소원공유어	
결 과	
결과에 대한 상호작용	
예상되는 아이의 행동 변화는?	
상황10: 같이 놀지 않겠다고 말하는 아이	
유도언어	
기대치제시어	
감정언어	
소원공유어	
결 과	
결과에 대한 상호작용	
예상되는 아이의 행동 변화는?	

상황11: 신경질적으로 말하는 아이	
유도언어	
기대치제시어	
감정언어	
소원공유어	
결 과	
결과에 대한 상호작용	
예상되는 아이의 행동 변화는?	
상황12: 울고 떼 쓰는 아이	
유도언어	
기대치제시어	
감정언어	
소원공유어	
결 과	
결과에 대한 상호작용	
예상되는 아이의 행동 변화는?	

상황13: 친구에게 무조건 이기고 싶은 아이	
유도언어	
기대치제시어	
감정언어	
소원공유어	
결 과	
결과에 대한 상호작용	
예상되는 아이의 행동 변화는?	
상황14: 친구를 귀찮게 하는 아이	
유도언어	
기대치제시어	
감정언어	
소원공유어	
결 과	
결과에 대한 상호작용	
예상되는 아이의 행동 변화는?	

7. 긍정적인 상호작용 연습노트
- 정서발달영역 문제행동 중심

상황1: 보호자와 헤어져도 만나도 힘들어 하는 아이	
유도언어	
기대치제시어	
감정언어	
소원공유어	
결 과	
결과에 대한 상호작용	
예상되는 아이의 행동 변화는?	

상황2: 매번 교사와 생각이 다른 아이	
유도언어	
기대치제시어	
감정언어	
소원공유어	
결 과	
결과에 대한 상호작용	
예상되는 아이의 행동 변화는?	

상황3: 보호자와 헤어지기가 어려운 아이	
유도언어	
기대치제시어	
감정언어	
소원공유어	
결 과	
결과에 대한 상호작용	
예상되는 아이의 행동 변화는?	
상황4: 물건에 과도하게 집착하는 아이	
유도언어	
기대치제시어	
감정언어	
소원공유어	
결 과	
결과에 대한 상호작용	
예상되는 아이의 행동 변화는?	

상황5: 갑작스러운 환경 변화에 불안해하는 아이	
유도언어	
기대치제시어	
감정언어	
소원공유어	
결 과	
결과에 대한 상호작용	
예상되는 아이의 행동 변화는?	

상황6: 무조건 울어버리는 아이	
유도언어	
기대치제시어	
감정언어	
소원공유어	
결 과	
결과에 대한 상호작용	
예상되는 아이의 행동 변화는?	

상황7: 언제나 기분이 좋지 않은 아이	
유도언어	
기대치제시어	
감정언어	
소원공유어	
결 과	
결과에 대한 상호작용	
예상되는 아이의 행동 변화는?	

상황8: 화를 잘 내는 아이	
유도언어	
기대치제시어	
감정언어	
소원공유어	
결 과	
결과에 대한 상호작용	
예상되는 아이의 행동 변화는?	

아동 상호작용 지도사 3급 과정

NO	강의 주제	주요내용
1	오리엔테이션 자기소개	자기소개 및 라포형성 강의 일정 안내 관점 디자인하는 시간(교사론)
2	놀이 및 활동지원	인사를 통한 발달적 요소 (발달적 측면에 기초한 상호작용 및 동작분석) - 등원하는 동영상 제시
3	영유아 간 상호작용 지원	CCQ 경청과 공감에 기초한 상호작용
4	교사와 아동과의 관계정립	상호작용의 전제조건 (CCQ, 경청과 공감 등)
5	아동의 발달적 특징과 상호작용	3세 이전 영아의 발달 특징 3~5세 아동의 발달 특징
6	아동과의 상호작용 연습1	CCTV언어(명령하기, 비난하기)를 통한 교사의 부적절한 상호작용 고찰
7	아동과의 상호작용 연습2	CCTV언어(꼬리표 달기, 잔소리하기 등)를 통한 교사의 부적절한 상호작용 고찰
8	아동과의 상호작용 연습3	CCTV언어를 영유아간의 바람직한 상호작용으로 바꾸기 반복 연습 및 발표
9	아동과의 상호작용 연습4	CCTV대체언어 연습 및 발표
10	동영상을 통한 관찰1	동영상 상호작용 분석
11	동영상을 통한 관찰2	동영상 상호작용 분석
12	발달에 적합한 상호작용 연습1	놀이지원의 변화를 가정과의 연계 (도란도란이야기)로 풀어내는 다양한 상호작용 사례 발표
13	발달에 적합한 상호작용 연습2	
14	3급 상호작용 평가	과정평가 및 질의응답

아동 상호작용 지도사 2급 과정

NO	강의 주제	주요내용
1	기질에 따른 상호작용의 이해1	기질의 정의, 구성요소
2	기질에 따른 상호작용의 이해2	기질의 종류와 특성
3	기질에 따른 상호작용의 이해3	기질에 따른 행동과 상호작용
4	기질에 따른 상호작용의 이해4	아동의 권리를 존중하는 상호작용 실제1 - FIT공식에 준거한 상호작용 연습
5	기질에 따른 상호작용의 이해5	아동의 권리를 존중하는 상호작용 실제2 - FIT공식에 준거한 상호작용 연습
6	사회·정서발달에 대한 이해 및 실제	사회성발달영역 문제행동 지도 사회성발달영역에서의 문제행동 원인
7	사회성발달영역 문제행동 사례 목록	공격행동, 위축/단절, 기타 갈등유발 행동
8	사회성발달영역 문제행동에 대한 교사지도 방안	즉각적 개입과 예방적 접근 - 상호작용 7단계 연습
9	사회성발달영역 문제행동 지도 실제1	무는 경우 교사를 밀쳐내는 경우 할퀴는 경우 등
10	사회성발달영역 문제행동 지도 실제2	놀잇감을 던지는 행동 놀잇감을 뺏는 경우 짜증내는 경우 등
11	사회성발달영역 문제행동 지도 실제3	교사에게 매달리는 경우 자기의 관심에만 몰두된 경우 때리는 경우
12	사회성발달영역 문제행동 지도 실제4	신경질적으로 말하는 경우 떼쓰는 경우 친구를 귀찮게 하는 경우 등
13	사회성발달영역 문제행동 지도 실제5	지기 싫어하는 경우 같이 안 논다고 말하는 경우 등
14	2급 상호작용 평가	과정평가 및 질의응답

아동 상호작용 지도사 1급 과정

NO	강의 주제	주요내용
1	긍정적 행동지원 교수방법	긍정적 행동지원 교수방법 실제
2	놀이지원에 따른 상호작용분석	학부모와의 신뢰관계 형성 - 부모와의 관계에서 권한과 책임 명료화 - 부모와의 소통과 참여방법 유도
3	NESC 상호작용 분석	양육, 구조, 개입, 도전 등에 따른 놀이지원
4	정서발달영역 문제행동의 이해1	정서발달영역 문제행동 지도 및 교사 지도방안
5	정서발달영역 문제행동의 이해2	영유아에 대한 이해, 부모와의 협력
7	정서발달영역 문제행동 지도 실제1	양육자와 헤어져도 만나도 힘든 경우 교사와 잘 맞지 않는 경우
8	정서발달영역 문제행동 지도 실제2	아직 어려서 헤어지기가 어려운 경우 아기 때부터 쓰던 물건에 과도하게 집착하는 경우
9	정서발달영역 문제행동 지도 실제3	갑작스러운 변화에 불안해하는 경우 무조건 울어버리는 경우
10	정서발달영역 문제행동 지도 실제4	늘 기분이 좋지 않은 경우 아직 어려서 화를 참을 수 없는 경우
11 ~ 14	1급 상호작용 평가	실기시험(발표)

아동 상호작용 지도사 전문가과정

NO	강의 주제	주요내용
1	신경이 쓰이는 배경 및 발달지원 - 움직임 발달과 사회적 상호작용 시점	1. 지원의 배경 2. 관찰된 아이의 모습 3. 보육교사 지원 TIP 4. 부모지원 TIP
2	신경이 쓰이는 배경 및 발달지원 - 감각과 기억의 시점	1. 지원의 배경 2. 관찰된 아이의 모습 3. 보육교사 지원 TIP 4. 부모지원 TIP
3	신경이 쓰이는 배경 및 발달지원 - 시지각과 자세유지의 시점	1. 지원의 배경 2. 관찰된 아이의 모습 3. 보육교사 지원 TIP 4. 부모지원 TIP
4	신경이 쓰이는 배경 및 발달지원 - 각성레벨의 시점	1. 지원의 배경 2. 관찰된 아이의 모습 3. 보육교사 지원 TIP 4. 부모지원 TIP
5	부적응 행동의 배경 및 발달지원 - 일상생활면에서 관계맺기가 어려운 아이	1. 표정, 반응이 빈약한 아이 2. 스킨십을 싫어하는 아이 3. 어부바 또는 안기 어려운 아이
6	부적응 행동의 배경 및 발달지원 - 일상생활면에서 식사할 때 걸림돌이 많은 아이	1. 편식하는 아이 2. 흘리면서 먹거나, 통째로 먹는 아이
7	부적응 행동의 배경 및 발달지원 - 일상생활면에서 몸치장하기가 어려운 아이	1. 옷 갈아입기를 잘 못하는 아이 2. 이 닦기, 얼굴 닦기를 싫어하는 아이 3. 스티커 붙이기를 잘 못하는 아이
8	CCTV 언어 대체언어 연습1	유도하는 언어 상호작용 연습노트
9	CCTV 언어 대체언어 연습2	기대치제시어 상호작용 연습노트
10	CCTV 언어 대체언어 연습3	소원공유어 상호작용 연습노트
11	CCTV 언어 대체언어 연습4	감정언어 상호작용 연습노트
12	전문가 과정 평가1	실기시험(발표 및 구술테스트 등)
13	전문가 과정 평가2	실기시험(발표 및 구술테스트 등)
14	전문가 과정 평가3	실기시험(발표 및 구술테스트 등)

- 교육후기 글 -

　　두 사례의 "놀이지도 및 상호작용법"이라는 강의가 있었다.
　　어린이를 키우는 누구나가 들어야 하고, 알아야 하고, 실천해야 하는 과제를 쉽게 예를 들어가며 설명해 주었다. 처음 접하는 나로서는 쉽게 애를 키우는 게 아니구나. 예전의 애 키우는 방법과는 너무나 차이가 있음을 느꼈다. 아이를 이해하고 설득하고 같이 상호작용을 하는 건 아무나 할 수 있는 쉬운 문제가 아니다.
　　원장님의 강의와 설명을 듣고 많은 공감을 했고, 또 일주일간 체험을 하면서 쉽게 동화하는 아이와 나를 발견할 수 있었다. 이런 교육은 비단 몇 사람이 아닌 우리 ㅇㅇ어린이집 전 학부모를 대상으로 하여 주었으면 좋겠다. 여건이 주어진다면 분기별로 이런 교육을 통하여 부모와 아이의 원활한 소통에 이바지 했으면 참 좋겠다는 생각에 이글을 쓴다.
　　원장님의 명강의와 설명, 체험담 등을 엮어서 그리고 과제로 내어준 체험을 비디오로 통하여 부분 부분 원장님의 지도사항을 곁들인 교육에 참 많은 감명을 받았다.
　　모든 학부모가 이런 교육은 꼭~받으시라고 권해 드리고 싶다.

ㅇㅇ 할아버지

　　건강하고 행복한 우리 아이들의 미래를 위해, 교사로서 부모로서 아이들에게 제공하고, 준비할 수 있는 가장 현명한, 지혜로운 과정이라고 생각합니다. 그동안 인지하지 못하여 실천하지 못했고, 알았어도 자신감 있게 실천하지 못했던 부분들을 깨닫고 실천할 수 있는 정말 소중한 시간이었습니다. 보육교사로서, 원장으로서 부끄러움도 많이 느끼며 반성하는 시간도 되었습니다.

ㅇㅇ어린이집 원장

　　교육현장에서 원장과 교사가 사용하는 말이나 표현, 행동들이 아이의 발달에 중요한 영향을 끼치는데 아이와 주고받는 상호작용에서 우리가 경청하고 공감하기가 잘 안 되는 부분입니다. 전문적인 지식이나 방법을 습득하고 실천하는 과정에서 아주 중요한 시간이 되었습니다.

ㅇㅇ유치원 원장

참고문헌

강미옥(2017). 기본운동 중심 신체운동 프로그램이 영아의
 신체운동능력 및 인지능력에 미치는 영향, 박사학위논문,
 창원대학교.
김경철·홍정선(2008). 뇌발달 연구모임을 통한 영아반 교사들의
 교수지식 구성과정, 열린유아교육연구.
김명지(2001). 감각운동훈련이 영아의 지능발달에 미치는 효과,
 박사학위논문, 동아대학교.
김선미(2011). 감각운동중심 영아교육프로그램이 저체중 출생아의 성장
 발달에 미치는 효과, 석사학위논문, 용인대학교.
김영옥·백혜리·최미숙·황윤세(2014). 아동발달론, 공동체.
김주영(2011). 영아의 정서조절 능력 측정척도 개발, 박사학위논문,
 덕성여자대학교.
권혜정(2001). 감각통합치료가 뇌성마비 아동의 감각·운동발달 및
 적응행동에 미치는 영향, 박사학위논문, 경희대학교.
나가에 세이지(2014). 아이의 민감기, 예문당.
나은실(2013). 상호작용중심의 탐색적 표현활동이 영아의
 신체운동능력과 사회·정서 및 언어능력에 미치는 영향,
 박사학위논문, 원광대학교.
나재용(2010). 음악발달심리학.(주)교학사.
노명숙·김혜진(2015). 영아발달, 양서원.
문혁준 외(2014). 아동생활지도, 창지사.
박병권(2002). 유아의 신체활동이 뇌 발달에 미치는 영향,
 석사학위논문, 서울산업대학교.
박성익·강명희·김동식(1998). 교육공학의 이론·적용·논쟁,
 교육과학사.
박영아·박희숙·강민희(2015). 유아발달, 공동체.
박영태(2002). 감각운동훈련이 영아의 지능발달에 미치는 효과,
 박사학위논문, 동아대학교.

보건복지부(2013). 어린이집 표준보육과정 및 0~2세
  영아보육프로그램의 이해. 보건복지부.
보건복지부 · 재단법인 바보의 나눔 · 중앙육아종합지원센터(2015). 교사
  I+보육 과정 컨설팅, 비매품.
사가라 아츠코(2009). '몬테소리' 스스로 생각하고 행동하는 어린이로
  키우기, 밝은누리.
스티브 파커(2005). 뇌 속의 놀라운 비밀, 승산.
안경자 · 장선경 · 박영신 · 손윤희 · 김진희(2014). 교사-영유아 상호작용
  현장이야기, 공동체.
양현옥(2016). 감각놀이 중심의 신체활동이 영아의 사회정서행동에
  미치는 영향, 석사학위 논문, 한양대학교.
엄옥자 · 박영태 · 정영진 · 문원자 · 이해정 · 김해성(2005). 유아발달에
  적합한 신나는 유아 체육놀이, 양서원.
염혜진(2002). 영아의 감각 · 운동발달을 위한 작동용 장난감 디자인,
  석사학위 논문, 서울여자대학교.
오은영(2016). 못참는 아이 욱하는 부모, KOREA.COM.
윤인순(2013). 퍼포먼스 활동이 영아의 운동능력 발달과
  사회정서발달에 미치는 영향, 석사학위논문, 군산대학교.
이시형(2015). 아이의 자기조절력, 지식채널.
주영은(2008). 감각운동중심 영아교육 프로그램이 영아의 운동능력
  발달에 미치는 효과, 한국보육학회지, 8(3), 1~18.
주영은(2009). 감각운동중심 영아프로그램이 운동능력과 애착관계에
  미치는 영향(6~12개월 영아를 중심으로), 박사학위논문,
  성신여자대학교.
장정백(2002). 실내 · 외 놀이환경에 따른 유아의 인지 사회적 놀이행동
  연구박사학위논문, 숙명여자대학교.
조수철 외 5인(2015). 산만한 우리아이 어떻게 가르칠까?, 샘터.
정이비(2019). 닥터몬테소리가 전하는 베이비 마인드, 출판회사 헥사곤.
지구르트 헤벤슈트라이트(2011). 몬테소리 평전, 문예출판사.
홍은숙(2012). 영아-교사 간 상호작용에서 교사의 민감성과 민감성 인식
  및 영아의 적응행동, 박사학위논문, 경기대학교.

マリア.モンテッソ-リ 著 `中村勇 訳(2003). 子どもの発見, 財団法人
　　　能開発 教育研究財団, 日本モンテッソ-リ教育総合研究所.
マリア.モンテッソ-リ著(2000). モンテッソ-リの教育法 基礎理論,
　　　エンデルレ書店.
マリア.モンテッソ-リ著(2004). 幼児の秘密, 財団法人
　　　能開発教育研究財団, 日本モンテッソ-リ教育総合研究所.
岩永竜一郎著(2015).
　　　自閉症スペクトラムの子どもの感覚.運動の問題への対処法(자폐
　　　증스펙트럼 자녀의 감각 운동 문제의 대처법), 東京書籍.
江口孝子(1993). 0～3さいまでの育ちと手助け Montessori-Method
　　　教育法(理論と實踐), 후쿠오카 몬테소리 연구회
シルバーナ Q.モンタナーロ(2004). いのちのひみつ, KTC 中央出版.
調技孝治(1985). 다양성과 복잡성의 발현구조, 體育의 科學社.
調技孝治(1985). 운동의 복잡성, 體育의 科學社.
松浦義行(2008). 신체 발육발달론, 대경북스.
柳澤秋孝(2005). 영유아 운동놀이 프로그램, 양서원.
柳沢弘樹(監修)(2015). 発達障害の子の脳を育てる運動遊び(발달장해
　　　자녀의 뇌를 키우는 운동놀이)(柳沢運動プログラムを活用して),
　　　講談社.

M.Montessori(1998). 몬테소리의 어린이의 정신, 창지사.
Maria Monetessori(1968). 창조하는 아이. La Mente Del Bambino,
　　　147~154.
Renate Zimmer(2007). 아동의 심리운동을 위한 움직임과 이완, 학지사.
Robert. J. Sternberg, Wency M. Williams(2011). 스턴버그의
　　　교육심리학, 시그마프레스.
Robert V. Kail(2009). 아동과 발달, 시그마프레스.

행복 길라잡이

경상남도청어린이집 원장 강미옥
(보건복지부장관 수상작)

교육의 질은
언제나 선생님의 몫이기에

사진을 찍듯
아이들을 돌보네.

아이들마다
다 다른 마음과 표정

하나하나 헤아려
조리개를 열고 닫으며
초점 맞추어
신중히 셔터를 눌러야

선명하고 아름다운 사진이 나오듯
그 사진으로 아이와 부모가 미소 짓듯

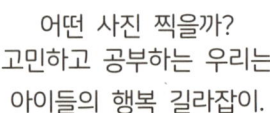

어떤 사진 찍을까?
고민하고 공부하는 우리는
아이들의 행복 길라잡이.

* 교육의 질은 교사의 질을 능가하지 못한다.
좋은 보육실천은 성능 좋은 전문용 카메라로
선명하고 아름다운 사진을 촬영하는 것과 같다.
필름은 보육내용, 버턴 조작은 보육교사와 원장이 책임진다.
이때 아이에게 초점을 딱 맞추지 못하면
성능 좋은 카메라도 아무리 좋은 필름도 소용없다.
좋은 보육 실천자만 초점을 정확하게 맞출 수 있다.
좋은 보육 실천자만 새로운 방향과 새로운 가치를
발견하게 도와줄 수 있다.
좋은 보육 실천자는 발달을 잘 알아차릴 수 있다.
발달을 잘 알아차리는 교사를 만나면 우리 아이들이 정말 행복해진다.

위대한 상호작용

초판인쇄	2020년 11월 11일	저자와의 협의하에 인지생략
초판발행	2020년 11월 11일	

지은이	강미옥
삽 화	오다혜
발행처	도서출판 다음
주 소	서울특별시 광진구 자양로 126 성지하이츠 503호 (구)서울시 광진구 구의동 252-14 성지하이츠 503호
등록번호	제2005-52호
전 화	02-453-2382(대표) / 2387(팩스)
홈페이지	www.daumbook.net
ISBN	979-11-5527-917-5
값	17,000원

* 파본은 구입하신 서점이나 출판사에서 교환해 드립니다.
* 이 책을 무단복사, 복제, 전재하는 것은 저작권법에 저촉됩니다.